U0720865

苏珊·桑塔格
访谈录

[美] 乔纳森·科特 苏珊·桑塔格 著

栾志超 译

Susan Sontag

Jonathan Cott

我
创造了
我自己

The Complete
Rolling Stone Interview

GUANGXI NORMAL UNIVERSITY PRESS

广西师范大学出版社

·桂林·

图书在版编目（CIP）数据

苏珊·桑塔格访谈录：我创造了我自己 /（美）乔纳森·科特，（美）苏珊·桑塔格著；栾志超译. ——桂林：广西师范大学出版社，2023.10（2025.3重印）
书名原文：Susan Sontag: The Complete Rolling Stone Interview
ISBN 978-7-5598-6027-9

Ⅰ.①苏… Ⅱ.①乔… ②苏… ③栾… Ⅲ.①苏珊·桑塔格-访问记 Ⅳ.①K837.125.6

中国国家版本馆CIP数据核字（2023）第155991号

© 2013 by Jonathan Cott
Originally published by Yale University Press
All Rights Reserved

著作权合同登记号桂图登字：20–2023–034 号

SUSHAN SANGTAGE FANGTAN LU : WO CHUANGZAO LE WO ZIJI
苏珊·桑塔格访谈录：我创造了我自己

作　　者：（美）乔纳森·科特　（美）苏珊·桑塔格
责任编辑：谭宇墨凡
特约编辑：王韵沁　夏明浩
装帧设计：小椿山
内文制作：陆　靓

广西师范大学出版社出版发行

　广西桂林市五里店路9号　邮政编码：541004
　网址：www.bbtpress.com
出版人：黄轩庄
全国新华书店经销
发行热线：010-64284815
北京启航东方印刷有限公司印刷
开本：787mm×1092mm　1/32
印张：6.25　　　　字数：88千
2023年10月第1版　2025年3月第3次印刷
定价：58.00元

如发现印装质量问题，影响阅读，请与出版社发行部门联系调换。

他搅动了思想上的一潭死水，但代价是他成了思想上的探索者，徘徊在无人涉足的思想上的空白地带，沿着这条路步步前进，寻求在已经看到的地平线上某处的另一个栖息地。这样的犹太人既不是勤恳工作的人，也不是知足的人，只能说他们是不安分的外国人。

——索尔斯坦·邦德·凡勃伦[1]

一个人的离世，是一座图书馆的消失。

——基库尤人[2] 古谚

---

[1]　索尔斯坦·邦德·凡勃伦（Thorstein Bunde Veblen，1857—1929），挪威裔美国经济学家、社会学家，被认为是制度经济学的创始者。

[2]　基库尤人（Kikuyu），肯尼亚民族。

目 录

对我来说，

交谈是救赎的主要媒介。

前

言

政治哲学家汉娜·阿伦特写道:"关于心智生命,唯一可能想到的隐喻大概就是活着的感觉。没有呼吸,人的身体就死亡了;没有思考,人的心智就死亡了。"苏珊·桑塔格同意阿伦特的观点。在桑塔格日记和笔记的第二卷(《心为身役:日记与笔记,1964—1980》)中,她宣称,"对我而言,做一个有智慧的人并不表示将事情做得'更好'。这是我唯一的存在方式……我知道自己害怕消极(与依赖)。动用我的心智会让我感到积极(与自主)。这样很好"。

桑塔格是一位评论家、小说家、剧作家、电影制作人和政治活动家。她出生于 1933 年,去世于 2004 年。她的一生堪称典范,证明了过一种有思考的生活,以及去思考人的生活,可以是相互助益且丰富生命的活动。《反对阐释》一书在 1966 年出版——这是桑塔格的第一本随笔集,她笔调轻快、虚怀若谷地从至上女声组合 [1] 谈到西蒙娜·薇依，从《不可思议的收缩人》[2] 这样的电影谈到《莫里埃尔》[3]。从这之后，桑塔格始终关注流行文化和高雅文化，从未动摇。正如她在《反对阐释》三十周年纪念版的前言中所说："如果我必须在大门乐队（The Doors）与陀思妥耶夫斯基之间做出选择的话，那我当然会选择陀思妥耶夫斯基。但我非选不可吗？"

作为"艺术色情学"（erotics of art）的倡导者，桑塔格不仅同意法国作家罗兰·巴特所说的"文本的快感"（the pleasure of the text），也同意巴特"将心智生命视为一种欲望的生命，充盈着智慧与快感"——桑塔格如是描述。在这方面，桑塔格追随

---

[1] 至上女声组合（The Supremes），美国女子音乐组合，至今美国最成功的歌唱团体之一，1959 年在密歇根州底特律组建，主要音乐风格为节奏布鲁斯、嘟·喔普（doo-wop）、灵魂乐。

[2] 《不可思议的收缩人》（*The Incredible Shrinking Man*），1957 年上映的美国科幻片，杰克·阿诺德执导。该片讲述了一个普通人被一团奇异光线袭击之后，发现自己逐渐变小。

[3] 《莫里埃尔》（*Muriel ou le temps d'un retour*），1963 年上映的法国剧情片，阿伦·雷乃执导。它是雷乃继《广岛之恋》和《去年在马里昂巴德》之后第三部长片。

威廉·华兹华斯[1] 的脚步：在《抒情歌谣集》的序言中，华兹华斯定义了诗人的任务，即"给人类带来直接的快乐"，他认为这一任务意味着"对宇宙之美的承认"，以及"对人生而有之的尊严致以敬意"；他还坚持认为，对于"那些满怀爱意观看世界的人"来说，将上述原则付诸实践是"一项轻松、简单的任务"。

是什么让我感觉强大？在一篇日记中，桑塔格这样自问，并如此作答：爱与工作。她申明了自己对"心灵之狂喜"的虔诚。显然，对桑塔格来说，爱、欲望和思考在本质上是共通的活动。桑塔格非常欣赏的一位作家，同时也是诗人、古典学家的安妮·卡森在她引人入胜的《苦乐参半的爱欲》（*Eros the Bittersweet*）一书中提出："爱欲作用于恋人心灵的方式与认知作用于思者心灵的方式，似乎有一些相似之处。"卡森还补充说："当心灵接触外界并寻求认知时，欲望的空间就打开了。"桑塔格在评论罗兰·巴特的文章时，也提出了类似的观点："写作

---

[1] 威廉·华兹华斯（William Wordsworth, 1770—1850），英国浪漫主义诗人，与雪莱、拜伦齐名。

是一种拥抱，一种被拥抱；每一个想法都是与外界的接触。"

1987 年，在一场由美国笔会中心主办的讨论亨利·詹姆斯[1]作品的研讨会上，桑塔格阐述了安妮·卡森关于欲望和认知密不可分的观点。桑塔格拒绝常见的对詹姆斯语言贫瘠且抽象的批评，并驳斥道："实际上，他的语言是丰富的、充实的、欲望的、欢乐的、狂喜的。在詹姆斯的世界里，总是有着更多的东西——更多的文字，更多的意识，更多的空间，空间中更多的复杂性，更多供养意识的食粮。他在小说中植入了一种欲望的原则，这在我看来是全新的。这是认识论的欲望，认知的欲望，如同肉体的欲望一般，而且经常模仿或取代肉体的欲望。"在她的日记中，桑塔格用如下词语描述了"心智生命"："贪婪、欲望、渴求、希冀、向往、不知餍足、狂喜、欲念"；不难想象，在安妮·卡森坦然承认"恋爱和认知让我感到真正的活着"时，桑塔格可能觉得，这也说出了她的心声。

---

[1] 亨利·詹姆斯（Henry James，1843—1916），美国小说家、文学批评家、剧作家和散文家。

终其一生，桑塔格始终在努力挑战和颠覆陈腐刻板的分类，如男／女、老／少，这些分类诱导人们甘于一种循规蹈矩、平稳安定的生活。她持续不懈地考察和检验自己的观点，即所谓的对立，如思维与感受，形式与内容，伦理与美学，意识与感官，实际上可以简单地看作一体两面——就像天鹅绒上的绒毛，顺毛和逆毛去抚摸，感受到的是两种质地和两种触感，两种色调和两种认知方式。

桑塔格在她 1965 年的文章《论风格》中写道："把莱妮·里芬施塔尔[1] 的《意志的胜利》和《奥林匹亚》称为杰作，并不是以美学的宽容来掩盖纳粹的政治意图。片中有纳粹的政治意图，但也有其他的东西……蕴含着灵气、优雅和感官愉悦的复杂动作。"十年后，在她的文章《迷人的法西斯主义》中，她推翻了之前的说法，评论说《意志的胜利》是"有史以来最纯粹的政治宣传片，它的核心构思本身就排除了这位电影制作人拥有一种独立于政治宣传的美学或视觉构思的可能性"。桑塔格对此可能会做

[1] 莱妮·里芬施塔尔（Leni Riefenstahl, 1902—2003），德国演员、导演兼电影制作人，以其电影美学与对电影技巧的运用著称。

出这样的解释，她之前关注的是"内容在形式上的含义"，后来她则希望考察"隐含于特定形式观念中的内容"。

桑塔格自称是"痴醉的唯美主义者"（besotted aesthete）和"着迷的道德家"（obsessed moralist）。她极可能同意华兹华斯的观点，即"只有愉悦所激发的东西，才能引起我们的同情"，以及"只要我们对苦痛报以同情，我们就会发现，同情借由与快感微妙的结合，得以产生并持续"。因此毫不奇怪的是，尽管桑塔格完全接受她所说的"多元性、多样性文化"带来的快感，但她也从未停止过"关于他人的痛苦"的探讨——这是她生前写的最后一本书的标题——也从未停止努力减轻他人的痛苦。

1968 年，她应越南政府的邀请，作为美国反战活动家代表团的一员前往河内。正如她在日记中所写的，这次经历"让我重新评价我的身份、意识的形式、文化的心理形式、'真诚'的含义、语言、道德决策、心理学表现"。二十年后，在 1990 年代初，她先后九次前往满目疮痍的萨拉热窝，见证了当时生活在长期围困下的 38 万居民的苦难。1993 年 7 月，在她第二次前往萨拉热窝时，她遇到了一位出生于萨拉热窝的戏剧制作人。这位制作人邀请桑塔格担任导演，与萨拉热窝最出色的专业演员排演萨缪尔·贝克特的《等待戈多》。狙击枪的枪声和迫击炮的爆炸声是排练和演出的背景音。政府官员、中心医院的医生、前线的战士，以及许多残疾和悲痛中的萨拉热窝居民都到场观看了这场演出。在《关于他人的痛苦》一书中，桑塔格写道："一个人若是永远对堕落感到吃惊，见到一些人可以对另一些人亲手施加可怕的暴行的证据，就感到幻灭（或难以置信），只能说明他在道德上和心理上尚不是成年人。"正如她曾经所宣称的："没有利他主义就不可能有真正的文化。"

我第一次见到苏珊·桑塔格是在 1960 年代，当时的她在哥伦比亚大学教书，而我彼时是那里的学生。三年的时间里，我既是哥伦比亚大学校报《哥伦比亚观察者》（*Columbia Spectator*）文学副刊的撰稿人，也是该副刊的编辑之一。1961 年，桑塔格为此刊撰写了一篇对诺尔曼·O.布朗[1]《生死抗争》一书的评论。她后来将此文收入《反对阐释》。在读过这篇文章之后，我在一个下午厚着脸皮走进了她的办公室，告诉她我有多喜欢这篇文章。在那次见面之后，我们又一起喝了几次咖啡。

1964 年从哥伦比亚大学毕业之后，我搬去了伯克利，在加州大学学习英语文学，并立刻发现自己正处于美国社会、文化和政治新一轮大觉醒浪潮的中心。两个世纪以前，在法国大革命爆发时，威廉·华兹华斯写道："幸福就是活到黎明到来之时。"现在，人们又一次经历着生活真正戏剧化的变革。无论走到哪里，似乎都如鲍勃·迪伦在《纠结的忧伤》（"Tangled Up in Blue"）里唱的那样："夜晚咖啡馆里放着音乐，革命的气息萦绕在空中。"大约三十年后，在为《反对阐释》再版所写的序言中，桑塔格回顾了那段日子。她写道："现在回想起来，一切看起来都美妙无比。人们多希望那些年的无畏、

---

[1] 诺尔曼·O. 布朗（Norman O. Brown，1913—2002），美国著名哲学家、思想家，他的研究涉及历史、哲学、文学以及精神分析等多个领域。

乐观和对商业的蔑视能留存至今。现代情感有着鲜明的特色，其两极是怀旧色彩和乌托邦情结。或许，现在被称作 60 年代的那个时代，其最有趣的特征就在于那个时代几乎毫无怀旧色彩。在这个意义上，那的确是一个乌托邦的时代。"

1966 年的一个下午，我与苏珊在伯克利的校园里不期而遇。她告诉我说，加州大学邀请她来做场讲座。我告诉她我刚开始为 KPFA 电台制作并主持一档形式自由的午夜广播节目，也提到我和我的朋友汤姆·拉迪——不久之后，他就成了太平洋电影资料馆（Pacific Film Archive）的馆长——将在当天晚上采访电影制作人肯尼斯·安格 [1]，讨论他的电影《天蝎星升起》。我问苏珊是否愿意过来一起聊聊，她一口答应了。（在她的日记中，她将安格的《极乐大厦揭幕》收录进了她的"最佳电影"片单。）

---

[1] 肯尼斯·安格（Kenneth Anger，1927—2023），美国先锋电影人、演员、作家，以制作性少数群体和神秘学主题的超现实主义短片而闻名。《天蝎星升起》（*Scorpio Rising*）是安格导演的代表作，将摩托车文化与同性爱欲、妖魔鬼怪、死亡驱力结合在一起。

1967 年，我搬到伦敦，成为《滚石》杂志的第一位驻欧编辑。我在 1970 年回到纽约，继续为该杂志工作和写稿。苏珊和我有一些共同好友。在接下来的几年里，我们偶尔会在纽约和欧洲的某些晚宴、电影放映会、音乐会（摇滚音乐会和古典音乐会）和人权活动中遇到彼此。我一直都想为《滚石》杂志采访苏珊，但未曾开口跟她提过此事。不过，在 1978 年 2 月的时候，我觉得时机或许到了。她广受好评的《论摄影》一书已于前一年出版，另外两本书也即将面世：《我，及其他》，一本收录了八篇短篇小说的小说集，她曾称其为"以第一人称展开的一系列冒险"；以及《疾病的隐喻》，苏珊在 1974 年至 1977 年间接受了乳腺癌的手术和治疗，身为癌症患者的经历促使她写作了这本书。因此，当我最终决定问她是否可以考虑做个采访，并建议我们从这三本书谈起时，她毫不犹豫地答应了。

有的作家觉得，接受采访的体验就如诗人肯尼斯·雷克斯罗斯[1] 在参加了一场特别扫兴的鸡尾酒

---

[1] 肯尼斯·雷克斯罗斯（Kenneth Rexroth，1905—1982），20 世纪美国著名诗人，"旧金山诗歌复兴运动"的发起人，被称作"垮掉一代之父"。

会后曾描述的那样，即"在晚餐前没事找事"。伊塔洛·卡尔维诺就是这样一个人。在他的短文《一次访谈之前的遐想》（"Thoughts Before an Interview"）中，他抱怨说："每天早晨我都告诉我自己，今天一定要写点东西。然后，事情就找上门，让我无法写作。今天……今天我有什么事情要做？哦，对了，他们会来采访我……上帝救救我吧！"不过，到目前为止，对采访最为拒斥的是诺贝尔文学奖获得者 J. M. 库切。库切在接受大卫·阿特维尔（David Attwell）的采访时宣称："但凡我有一点先见之明，从一开始就不会和记者有任何瓜葛。访谈十有八九就是和一个完全陌生的人交流，但访谈模式的惯例又准许陌生人跨越陌生人之间的交流本该有的界限……另一方面，对我来说，真理与沉默、反思，以及写作的实践有关。言语并非真理的源泉，而是苍白的、临时的写作。法官或采访者不期然挥舞出来的刀剑无法揭示真相，相反，那是一种武器，彰显出访谈固有的冲突本质。"

苏珊·桑塔格的见解有所不同。她曾经跟我说："我喜欢访谈的形式。我喜欢访谈，是因为我喜欢交谈，我喜欢对话，我知道我的很多思考都来自与他人的交谈。在某种程度上，写作最困难的事情莫过于写作时，你独自一人，能够对话的只有你自己，这从根本上来讲是有违天性的活动。我喜欢和人说话——这让我不觉得自己孤僻——交谈让我有机会了解自己的想法。我不想去了解读者，因为这是一个抽象的概念。但我肯定想知道任何一个个体的想法，而这需要面对面的交流。"

在 1965 年的一篇日记中，苏珊宣称："除非我能像丽莲·海尔曼[1]接受《巴黎评论》采访时那样，讲得那么清晰、权威、直截了当，否则我不接受采访。"十三年后，在 6 月中旬一个阳光明媚的下午，我来到苏珊位于巴黎第 16 区的公寓。她和我坐在客厅的两张沙发上，我把卡带录音机放在两张沙发间的桌子上。当我听到她对我的问题做出清晰、权威、直截了当的回答时，显然，她已经达到了她多年前为自己设定的交谈目标。

几乎不同于所有我采访过的人——钢琴家格

---

[1] 丽莲·海尔曼（Lillian Hellman，1905—1984），美国著名左翼作家、电影编剧。

伦·古尔德[1]是另外一个例外——苏珊在回答时说的不是句子，而是深思熟虑、包罗万象的段落。最令我震惊的是她的精确性，以及在"道德和语言上的审慎"——她曾这样描述亨利·詹姆斯的写作风格——她以此构建和阐述自己的想法，通过括号和限定词（例如"有时""偶尔""通常""大部分""几乎所有的情况下"）来精确地校准自己想要表达的意思，她谈话的丰富性和流畅性体现了法国人所说的"ivresse du discours"，意即"醉心于话语"。她曾在日记中写道："我迷上了作为创造性对话的交谈。"她还补充说："对我来说，交谈是救赎的主要媒介。"

　　但在交谈了三个小时之后，苏珊告诉我，她晚上约了晚餐，需要先休息一下。我知道我已经为《滚石》的采访录制了足够的素材。然而，出乎我意料的是，她告诉我说，她很快就会搬回纽约的公寓，并在那里住上半年；而且，由于她还想跟我谈谈其

---

[1]　格伦·古尔德（Glenn Gould，1932—1982），加拿大钢琴家，以演奏巴赫而闻名。

他一些话题，她问我是否介意在她回纽约之后继续我们的对谈。

五个月后，在 11 月一个寒冷的下午，我来到她位于河滨大道（Riverside Drive）和 106 街交会处的宽敞顶层公寓，从那里可以俯瞰哈德逊河。环绕我们四周的有八千本书，她称这间书房为"我自己的检索系统"和"存放我渴求的文献库"。在那个神圣的角落里，我们坐在一起，一直聊到深夜。

1979 年 10 月，《滚石》杂志刊载了我与苏珊·桑塔格访谈内容的三分之一。现在，三十五年前我于巴黎和纽约与这位杰出的、鼓舞人心的人进行的对话将首次完整面世。在我看来——一如我一直以来所认为的——她在 1996 年所写的一篇题为《给博尔赫斯的一封信》（"A Letter to Borges"）的短文中，用最动人的字词表达了她对知识的信仰：

你说我们现在和曾经有过的一切都归功于文学。如果书籍消失了，历史就会化为乌有，人类也会随之灭亡。我确信你是正确的。书籍不仅仅是我们梦想和记忆的随意总括，它们也给我们提供了自我超越的模型。有的人认为读书只是一种逃避，即从"现实"的日常生活逃到一个虚幻的世界、一个书籍的世界。书籍的意义远不止于此。它们是一种使人充分实现自我的方式。

2013 年

访

谈

**The Complete
Rolling Stone Interview
with
Susan Sontag**

四年前，在发现自己罹患癌症之后，你就立刻开始了对自身所患疾病的思考。这使我想起尼采曾经这样写道："对一个心理学家来说，没有什么问题能比健康与哲学之间的关系更具吸引力。而且，假如是他本人病了，那他会将他全部的科学兴趣都投注于自身的疾病。"你是由此开始构思《疾病的隐喻》一书的吗？

　　是的，的确如此，生病这一事实促使我思考疾病。我所经历的每件事都是我思考的对象。思考是我所做的事情之一。如果我遭遇了空难，而且是唯一一名幸存者，我很可能就会对航空史产生兴趣。我很确信过去这两年半的经历会在我的某部小说里出现，尽管会经过很多加工转化。但是，对于写散文随笔的我来说，浮现在脑海当中的问题并非"我在经历什么"，而是"疾病的世界究竟是何种模样""人们如何看待疾病"。我在审视我自己的想法，因为我自己曾对疾病，特别是癌症，抱有诸多不合实际的空想。我从未就疾病的问题进行过严肃的思考。而如果你不去思考的话，你很可能就会沦为已有陈词滥调的传声筒，即便是些已颇具见识的陈词滥调。

这并不是说我给自己设定了一项任务——"好吧，既然我病了，那我就得思考疾病了"——我已然在思考之中了。你躺在医院的病床上，医生走了进来，他们会谈论病情……你听着那些话，并且开始思考医生在跟你说些什么，他们所说的话意味着什么，你接收到了怎样的信息，你该如何做出评估。但你同时也会想，人们这样说话好奇怪啊，而且你认识到，他们之所以这样说话是因为疾病世界存在着一整套观念体系。因此，你可以说我是在将所有这些"哲学化"——尽管我并不喜欢用如此矫饰的词语，因为我非常崇尚哲学。但是，就更为普遍的意义而言，我们可以将万事万物哲学化。就比方说，如果你坠入了爱河，你会开始思考什么是爱——如果你事实上也具备反思爱的品性。

我的一个朋友是研究普鲁斯特的专家，他发现自己的妻子出轨了，妒火中烧又颇受打击。他告诉我说，在那之后，他开始以另外一种心态去阅读普鲁斯特描绘嫉妒的文字，而且开始思考嫉妒的本质，并将这些想法进一步深化。如此一来，他与普鲁斯特的文字、与他自己的经历建立起了一种全新的关系。他的确很痛苦——他的痛苦绝对是真实的，而且，以这种方式来思考嫉妒也绝对无法帮他逃避现实的经历。但是，直到那一刻，他有生以来对因爱而生的嫉妒有了深刻的体会。以前，在阅读普鲁斯特有关嫉妒的文字时，他是以一种人生中从未有过此类经验的方式去阅读的——只有经历过，你才能够和这些文字建立起真正的联系。

我不太确定自己如果嫉妒到了病态的程度，会不会想要在那样的时候去阅读有关嫉妒的文字。而且，我同样还认为，身患疾病，并且以你那样的方式来思考疾病，这在某种程度上一定需要你自身付出极大的努力，或许甚至需要达到超脱的境界。

刚好相反。对我来说，不去思考疾病才需要付出极大的努力。世间最容易之事莫过于思考发生在自己身上的事情。你躺在医院里，想着自己即将告别人世。我需要付出极大的努力，做到相当超脱才能不去思考疾病。真正要付出极大努力，做到超脱的，是熬过那段由于过于病重，以致无法工作，也不能继续写完我那本摄影书（《论摄影》）的时光。那段日子令人抓狂。在我最终能够工作时——那已经是确诊癌症的六七个月之后了，我还没写完关于摄影的评论集，尽管这本书已经在我脑子当中成形，剩下要做的就是动笔，以一种恰当审慎且有趣生动的方式写下来——我却要写一些与当时的自己毫无关系的东西，这令我感到抓狂。我只想写《疾病的隐喻》这本书，因为在我生病的头一两个月里，我立刻就有了关于这本书的构想，而我却不得不强迫自己把注意力都转移到摄影一书的写作上去。

这么说吧，我想要的是在自己的生命当中完全在场——真正地存在于此时此地，在生活中与自身同步，全身心地关注世界，包括自己。你并非全世界，世界也并非是你，你存在于世界之中，并关注着这个世界。这就是作家的职责所在——作家关注世界。我强烈反对唯我论那种认为世界存在于人的脑海当中的观点。事实并非如此，不管你是否身在其中，都存在着一个真实的世界。如果你正在经历人生当中的重大事件，在我看来，将自己的写作与自己的亲身经历联系起来要容易得多，而不是通过投身他处来进行逃避——原因在于，这只会将你自己撕裂开来。人们总是认为，我一定是做到了超脱事外，才写出了《疾病的隐喻》一书，但实际上我完全没有。

或许用"保持距离"（distant）一词来说更为准确？我注意到，这个词在你书写的不同文本中经常出现。就比如，在《论风格》一文中，你写道："一切艺术作品都基于某种距离，即与其所再现的现实生活保持一定的距离……正是距离的尺度、对距离的运用，以及制造距离的惯用手法，构成了艺术作品的风格。"

不，并非保持距离。或许，你要比我更加了解我所做的事情……我并没有嘲讽的意思，因为我极有可能并不完全理解这个过程。但我丝毫不觉得是保持距离。写作对我来说通常并非享受，而是非常累人且乏味的，因为我在写作的过程中要一改再改。尽管我不得不等了一年才开始写作《疾病的隐喻》，但这是我为数不多写得相当快，且倍感愉悦的内容之一。原因在于，我可以与我生活中每天发生的所有事情产生联结。

在大约一年半的时间里，我每周要去三次医院，我耳朵里充斥着这些话语，目力所及都是为这些愚蠢想法所害的人们。或许，在我的人生中，仅有在写作《疾病的隐喻》以及关于越南战争的文章时，我知道我所写的东西不只是真实的，而且事实上还以一种非常直接和实际的方式对人们有所裨益，并提供了帮助。我不知道我关于摄影的书是否帮助到了任何人，只是在最为普遍的意义上，这本书扩充了人们的观念，加深了事物的复杂性——这在我看来总归是好事。但我知道有人因为读了《疾病的隐喻》一书而去寻求适宜的治疗方法：那些以往不愿意接受任何治疗，只愿意接受某些心理疗法的人，如今因为这本书而去接受化疗。这并非我写这本书的唯一原因——我之所以写这本书，是因为我认为我说出的是真相——但写出对人们有用的东西仍然是一件极大的乐事。

按照尼采的观点，"对一些人来说，成为哲学的是他们的匮乏；对另一些人来说，成为哲学的是他们的富足与力量"。但有意思的是，尽管你罹患病痛，但你的"匮乏"并没有让你写出一部在哲学层面上"病态"的作品。事实上，你反而创作出了非常丰富和有力的作品。

我想，在开始的时候……当然了，我被告知极可能死期将近，因此，我所面对的不仅仅是疾病以及痛苦的疗程，还有我所认为的可能在未来一两年即将到来的死亡。此外，除了感到害怕、恐惧，以及承受身体上的疼痛，我还被吓坏了。我当时体验到了肉体上最剧烈的恐慌，但同时也感受到了无与伦比的喜悦。我觉得似乎有什么奇妙的事情在发生，仿佛我要踏上一场冒险之旅——一场身困病痛且生命垂危的冒险，而我却变得愿意接受死亡，这是一件非常不同寻常的事情。我不想说这是一次正向的经历，因为这让这个经历听起来无足轻重，但它的确有它正向的一面。

所以可以说，这场经历丝毫没有将你的思考过程"癌症化"。

没有。因为在我被告知自己得了癌症的两个星期后，我就将那些想法从大脑当中清除了出去。我最开始想的是：我究竟做了什么，落得如此境地？我过了错误的生活，我过于压抑。是的，五年前我遭受了巨大的悲痛，这一定是太过抑郁导致的结果。

然后我问我的一个医生："在你看来，哪些心理方面的因素会引发癌症？"他回答说："唔，这么久以来，人们对于疾病有各种各样有趣的说法。当然了，这些说法没有一个是对的。"我的意思是说，他只是彻底地否定了我所提出的问题。我于是就开始去思考结核病，这本书的论点也便清晰起来。我决定不再苛责自己。和所有人一样，我也会产生负罪感，甚至更甚于常人，但我并不喜欢这样。尼采关于罪感的说法是正确的，它很可怕。我宁愿感到羞愧。因为羞愧似乎更为客观，关乎个人的荣誉感。

在关于越南之行的文章中，你写到了羞愧与罪感文化之间的差异。

嗯，这二者之间显然有重合之处——一个人可能因为没有达到某一标准而感到羞愧。但人们确实会因为患病而有负罪感。我个人喜欢负起责任的感觉。每当我发现自己的个人生活一团糟时，比如和错误的人牵扯在一起，或在某种程度上陷入困局时——就是碰上每个人都会遇到的那些事，我始终倾向于自己承担起责任，而非归咎于他人。我讨厌把自己看作受害者。我宁愿说，好吧，是我自己选择爱上了一个事实上是混蛋的人。这是我的选择，我不想指责他人，因为改变自己要比改变他人更为容易。因此，并非我不愿意承担责任，而是在我看来，当你患上一场大病时，就像是被车撞了，我认为，为究竟是什么原因导致你生病而感到烦心，毫无意义可言。真正有意义的是尽你所能保持理性，去寻求正确的治疗方法，并且发自内心地想要活下去。毫无疑问，如果你没有半点求生的意愿，你就会成为疾病的同谋。

约伯没有负罪感——他意志坚定，且感到生气。

我意志十分坚定，但我并不觉得生气，因为没有可以生气的对象。你不能生大自然的气。你不能生生物学的气。人终有一死——这件事很难接受——而且，我们都在走向死亡。这感觉就像是有一个人——这个人主要存在于你的意识当中——被困在一具正常来讲只能存活七八十年的肉体躯壳当中，以还不错的健康状态。自某一时刻起，这具躯壳开始退化，然后在你的后半生甚至是更长的时间里，你眼睁睁地看着这具躯壳开始衰败，却又无能为力。你被困在这具躯壳之中，当它无以为继，你也就命归西天了。我们都有属于自己的这种经历。找一个你熟识的六七十岁的人，问问他们觉得自己多大年纪了，他们会跟你说，他们觉得自己像是只有十四岁……然后，他们看看镜中的自己，再看到那张老态龙钟的脸，会觉得十四岁的自己被困在了一具行将就木的躯体之中！你是被困于这个终将腐坏的躯体里了。它最终不仅会像一台有一定使用期限的机器一样坏掉，而且还将是慢慢损耗，随着岁月的流逝，你会看到它的功能日渐退化，肌肤不再光洁，某些部件开始松动，这是一种非常悲伤的经历。

正如莎士比亚所说的，"没有牙齿，没有眼睛，没有味觉，没有一切"。

是的。夏尔·戴高乐曾说，年老如沉船。的确如此。

你如何看待所有那些从哲学和半神秘学角度去战胜此种二元性的尝试？目前，你都在从一种经验的、常识的角度来谈。

我认为，这种觉得自己被困于某物之中的感觉是无法克服的。这是所有二元论的起源——柏拉图式的、笛卡尔式的，诸如此类。尽管我们知道它经不起任何科学分析，但我们绝不可能在有意识的同时又不感觉到"我受困于我的身体"。当然，你可以尝试接受死亡，并试着随着年龄的增长将重心转移到不那么依赖身体的活动上来。但是，你的身体将不再对他人有吸引力，也不会以你能够悦纳的方式运转，因为它会更加虚弱无力，而且某种程度上每况愈下。

　　典型的人生轨迹是，早年的时候更侧重身体，后期更倚重思考。但我们必须铭记在心，我们还是有别的选择，尽管这个选择几乎不存在，更不可能得到社会的支持。还必须一提的是，关于我们在不同年龄段能做什么，以及年龄意味着什么，人们的观点都是极其武断的，与性别的刻板印象一样武断。我认为，老/少的二元对立和男/女的二元对立或许是把人们禁锢得最为严重的两种刻板印象。人们认为青年与男性所具备的价值是人类的典范，而其他的东西则至少是没什么价值，甚至是劣等的。老年人会强烈地感到低人一等。他们为年老而感到难堪。

年轻时你能做些什么，年老时你能做些什么，就如同如果你是女性你能做些什么，如果你是男性你能做些什么一样，都是武断的，无根无据。人们的口头禅是，"哦，我不能这样做。我都六十岁了。我太老了"。或是，"我不能那样做。我才二十岁。我太年轻了"。何出此言？是谁说的？我们在生活中总希望保持尽可能多的选择，但我们当然也希望能够自由地做出真正的选择。我的意思是说，我不认为人能够拥有一切，人需要做出选择。美国人时常认为一切皆有可能，这是我喜欢美国人的地方（笑）。就这方面而言，我是个实打实的美国人。但总有一天，你得承认自己不能再把一些事情往后拖了，我们实际上已然做出了选择。

再说说那些性别刻板印象。有一天晚上，我和大卫[1]碰到个事儿。我们去了温森斯大学，我受邀参加那里的一场研讨会。在研讨会结束之后，我和

---

[1] 桑塔格的儿子，大卫·里夫（David Rieff）。

大卫，再加上另外四个人一起出去喝咖啡。凑巧的是，研讨会上的这四个人都是女性。我们在桌旁坐了下来，其中一位女士用法语跟大卫说："噢，你这个可怜的家伙，不得不跟五个女人坐在一起！"大家都笑了起来。然后，我跟这些女人说——她们都是温森斯大学的老师——"你们知不知道自己刚才在说些什么？知不知道你们有多看低你们自己？"我的意思是说，你能想象这样一个场景吗？——一个女人和五个男人坐在一起，其中一个男的说："噢，你这个可怜的家伙，不得不跟五个男人坐在一起，没有女人可以做伴。"这个女人反倒会倍感荣幸。

我好奇大卫当时对此怎么想。

我相信如果问起他这件事情的话，他极可能只是说一句，这有什么好奇怪的？（笑）但事实上，我知道他受不了这些女人缺乏自尊，彼此厌恶。而且别忘了，她们还都是职业女性，且很可能自称是女性主义者，但还是完全无意识地说出了那样的话。

当然，另外一个极端是这些女人跟大卫说，"你怎么不走开！"

是的，没错。

这种反应也不得体。

是的，一点都不。但我认为，正如我们前面谈到的，你可以在年轻人和老年人之间找到极其相近之处，因为如果一个二十来岁的年轻人——不管是男人还是女人——和一群六七十岁的人坐在一起，其中一个老年人或许会说，真可怜，你得和五个老人坐在这里，你一定无聊透了！关于女性的观点，我们无须赘述；但关于人们觉得年老有多么可怕、难堪、卑微和丢脸，我们却只字不提。

西蒙娜·德·波伏瓦在她的《论老年》(*The Coming of Age*) 和《第二性》两本书中探讨的也正是这些主题和议题。一个有趣的巧合。

嗯，我认为她十分了不起——在法国，人们一直诋毁她，但尽管我不同意《第二性》的部分观点，我仍然认为这本书是迄今为止最好的女性主义著作——她远远超越了所谓的女性主义运动。我还认为她是第一个真正把衰老作为一种文化现象来讨论的人。

卡夫卡曾经说过一段话，大意是说健康将疾病驱逐，但疾病也驱逐健康。因此，这种作用是双向的，而且当二元对立存在时，二者间的对立会越来越严重。那么，我们如何逃脱这一陷阱？

我认为，当你遭遇了不同寻常的经历之后，你会感到与其他有过同样经历的人产生了某种联结。我了解这种感觉，因为自从我病了之后，我对我所接触到的那些有身体残疾或病痛的人都更能感同身受了。我感受到一种更为深刻的同情，而且我不掩饰自己的同情。这并不是说我以前是个没有同情心的人，而是说我不曾如现在这样被触动过。我不曾像现在这样去帮助他人。

你更富同情心了。

是的，因为我现在真的与那些人感同身受，我也真正了解了什么是无助，什么是无力应付，什么是身陷苦海。他们的世界勇敢、无畏，鼓舞人心。但是，我当然也知道一些病人热衷于表现自己的羸弱不堪，甚至是有点施虐，利用他们的病痛来控制和剥削他人。我并不是说疾病一定会以某种方式使你变得更好——疾病会催生出任何可以想象的行为。但是，如果你一直都是健康的，那就如佛家所云，疾病的经历会使得你与他人建立起更富同情心的关系。疾病能够做到这一点——虽然并非必然如此——但有这个可能，且不费吹灰之力。

龚古尔兄弟在他们的日记中写道："疾病就像一块照相底片，使人的观察力变得敏锐。"联想你在《论摄影》和《疾病的隐喻》中所探讨的一些主题，这似乎是一个特别有趣的观点。

是很有趣。或许我们首先应该观察在这一文化中，人们是如何规定疾病、赋予其诸种精神价值的。这是因为，除此之外，人们无法从自身刺激出或提取出任何东西。这个社会中的一切，我们生活方式中的一切，都合谋清除掉一切东西，只留下最普通寻常的感觉。不存在自思想诞生以来人们就挂在嘴边的神圣感或超验状态。曾经用来描绘那另一种境界的宗教词汇都消亡了。或许，人们现在唯一能想象那种境界的方式——某种程度上，它是如此可悲的替代——就是通过健康或生病……就如同神圣与世俗、人类之城与上帝之城之间的差距一般。

当下的确存在把疾病浪漫化的事实。我并不认为疾病就只是一种无助的生理状态。毋庸置疑，疾病背负着各种各样的价值。而且，这些价值像是悬在半空之中，因为如今是无害的了，所以就栖居在了疾病之上。因此，我们开始认为，当我们生病时，心理层面、精神层面或是人性层面会发生不同寻常的事情，因为我们并不知道其他可以激发一些更为极端的意识状态的方法。人类不仅有追求超验的需求，人类也有超验的能力，这需要更为深刻的感受状态以及更强的敏感度，而这通常都见于诸种宗教术语的描述当中。这些宗教词汇都消失了，填补它们空白的是医学和精神病学的词汇。因此，近两个世纪以来，人们为疾病注入了各种各样的精神和道德价值。你只需要回头去看看人们过去是如何描述疾病的：人们生病了，但他们并不认为这是一场或大或小的灾难，他们不认为这是发生在自己身上的什么好事，也不认为因为生病就会经历什么重大的心理转变。

他们之所以不会就疾病夸夸其谈，是因为他们还拥有其他各种各样的情境。几个世纪以来，这些情境被发明，被制度化，被仪式化，从而使得一些事情的发生成为可能——比如斋戒、祈祷，或是自愿接受肉体的苦修，如殉道。而我们今天所拥有的已寥若晨星：自宗教信仰崩塌之后，精神价值只能依附于两样东西，即艺术和疾病。

在《疾病的隐喻》中，你这样写道："精神状态导致疾病，而意志力可以治愈疾病——此类理论无一例外地反映了人们对于疾病生理层面的认识何其贫乏。"

自 18 世纪的梅斯梅尔[1]等人起,现代唯灵主义就诞生了。与之相伴的还有各种各样的运动,其中一些自称是宗教,一些自称是医学疗法——举例来说,梅斯梅尔就自称是位医生。这些运动否认疾病的存在,并认为,从本质上来说,疾病只存在于人的想象之中。或者说,疾病是一种精神性的东西。催眠术、基督教科学派,或疾病的心理学理论,这些实际上都是一回事,都将疾病转化成了某种精神的或是无形之物,都无一例外地否认疾病的真实存在。

举例来说,在疾病的世界里,我发现一个普遍现象,那就是大多数人都对科学不做任何了解,不予丝毫尊重,除非是最为原始的科学,也就是巫术。科学在我们的社会声名狼藉,被看作只会招致恶果

---

[1] 弗朗茨·弗里德里希·安东·梅斯梅尔(Franz Friedrich Anton Mesmer, 1734—1815),德国心理学家,催眠术科学的奠基人。他宣称自己可以通过操纵磁场来治病。

的东西。当然，任何东西都可以用以作恶，任何成果、认知，或是工具都可能为居心不良者所用。但我认为，尽管医学界如此糟糕——它在我们的社会中操纵人心、目光短浅、腐化堕落、功利主义——但和去找一个巫师比起来，一个重症患者去一个大城市的主要医疗中心更有机会得到妥善的治疗。这并不是说暗示的力量无法治愈患者，而是说，我们大多数人都考虑得越来越复杂，而面对这样的情况，我们似乎并不能像在更简单的社会中生存的人们那样做出好的反应。而在那样的社会中，传统民间医学的确提供了真正的对症之策。很多草药都有明确的科学依据。举例来说，有一种重要的化疗药物就是从植物当中提取的，许多所谓的原始社会都用其治疗癌症。但我深信，科学知识确实存在，也的确是进步性的，而且身体是一个可以被研究和破译的有机体。基因序列的发现是我们这个时代最重要的科学发现，且有着广阔的发展前景，其中可能就包括针对大多数癌症真正有效的治疗方法。现在，人们掌握了一百年前不曾掌握的医学知识，而且是货真价实的医学知识。

你怎么看待一个人总得为自己的疾病负起责任这一观念呢？EST 训练[1] 的追随者们就持此种观念。

我想尽我所能地负起责任。正如我前面跟你说的，我讨厌把自己当成受害者，这不仅无法给我带来快乐，还令我感到极为不适。只要有可能，而且不极端，我想尽可能地扩展我的自主意识，从而在友情和爱情关系当中为所有好事和坏事负起责任。我不想抱着"我本来很棒，都是那个人把我害了"的态度。即便有些时候的确如此，我也会劝服我自己，至少对发生在自己身上的坏事负起共同责任，因为这实际上会让我感觉更强大，让我觉得或许能够改变现状。所以我非常理解这种观念。

但是，正如你所说的，这种观念某些时候会成为妄念。假设你被车撞了，极有可能责任完全不在你身上。如果你的身体患上了疾病，你也没有责任，

---

[1] 由美国作家、讲师维尔纳·艾哈德（Werner Erhard）开创的一种集体意识训练项目，宣称能令学员提升自我潜能。

因为这个世上存在细菌、病毒和基因缺陷这样的东西。我认为，这是这个社会中一种蛊惑人心的观念，它将人们从他们真正可以负起责任的领域带离或是支开。让我大为震惊的是，所有这种思维方式都是如此的反智——大多数对疾病的心理学理论深为沉迷的人都不相信科学。EST 的信条之一就是你绝不可以说"但是"（but）。你应当将"但是"以及此类的修饰语从你的话语中清除出去，你应当始终用肯定的语气说话，因为每每当你说出"但是"的时候，你就把自己绕进了一个死胡同，你在表达一种"否定"（not）。因此，你必须只能以一种方式讲话，一种你永远都不会说出"一方面，但是另一方面"的方式。但是，思维的核心本质就在于"但是"……

或者是，"要么"（either）。

没错。或者是"要么"。这些才是思维的核心本质。

有人曾经给我讲过一个故事，当然这个故事

可能不是真事儿。他说他遇到一个人，这个人对"要么这个，要么那个"（either/or）的思维结构及思维方式极力反对，以至于他居然开始自称是"要么一个，要么都有"（and/or）。

这显然都是给人洗脑的话术，我认为这些话术本质上都是要让人变得更为自私和自负。这样一来，人们就可以只考虑自己的快乐，对他人的需求任意践踏，因为如果这是一个"你还是我"的问题，毋庸置疑，我们会选择自己。我认为这的确让人们在生活中拥有了一种优越感或安全感，但它是一种粗暴的简化。正如我前面所说的，我所提出的观点是，疾病有一个生理性的基础。显然，这无法说服一个说着"我只是不相信疾病或死亡是真实的"这种话的基督教科学的信徒。当医学或科学无法就一种疾病的起因给出令人信服的答案，更重要的是无法提供有效的治疗手段时，这种观念就会在患有这种特定疾病的人群中大行其道。

结核病就很有意思，因为人们在 1882 年就发现了其病因，而治疗方法却直到 1944 年才被发现。

将病人送至疗养院之类的方法丝毫没有用处。因此，当结核病不再给人带来致命的威胁时，围绕结核病的那些传说和想象——《魔山》说结核病只是一种延宕的爱，卡夫卡说结核病实际上是他的精神疾病蔓延到了身体上——便逐渐消亡了。如果人们发现了引发癌症的原因，却找不到治愈癌症的方法，那么关于癌症的传说就仍将继续。

在你的书中，关于结核病的隐喻不仅和谋杀毫无关系，还极具共鸣性和暗示性。就比如，你指出结核病隐喻的浪漫化体现了将自我作为一种形象的推崇，还衍生出了"浪漫的痛苦"这样的文学及情欲观念，它将那些因结核病而备受折磨的人"完美化"，使得他们更具创造力，更为时尚。然而，癌症的隐喻则未能逃脱与谋杀牵连在一起的命运，它就是谋杀本身。

癌症是一个巨大的隐喻。癌症的确并不具备那些矛盾的意涵。它的确是一个关于邪恶的隐喻，也没有积极的指向，却极具诱惑力。因此，通常当人们说起自己真正憎恨、害怕或想要谴责的事物时——就好像他们不知道如何表达邪恶的感觉一样——隐喻是最为便捷也最受欢迎的方式，用以表达面对灾难、面对无法接受的事物时的感受。

关于你为《疾病的隐喻》一书的封面所选的插图，我有个问题。这是一幅来自15世纪的曼特尼亚画派的版画作品，画面描绘的是赫拉克勒斯大战九头蛇的场景。在希腊神话中，赫拉克勒斯必须完成十二项功绩，才能赎清杀死妻儿的过错。杀死这条有毒的多头水蛇就是其中的第二项功绩。根据一种象征主义的阐释，每项功绩都对应着黄道十二宫中的一宫，以证明赫拉克勒斯是代表了太阳的英雄。在这一特定的阐释当中，九头蛇所代表的是巨蟹座（Cancer，即癌症）。当我读到这个阐释，再想起你这本书的封面，我有点大吃一惊。

我也大吃一惊，因为在听你说之前，我对赫拉克勒斯十二功绩的象征意义一无所知。

在决定由我为这本书选择封面之后，我看了各

Susan Sontag
Illness as Metaphor

Susan Sontag

Illness as Metaphor, Farrar, Straus & Giroux, 1978.

种各样的图像——所有那些一看便知的，比如维萨里[1]、各种医学印刷品，以及我收藏的博洛尼亚医学博物馆蜡质解剖模型的彩色照片。我看来看去，找了又找……然后，当我看到这个图像的时候，它一下子就跃然纸上。我从没做过关于这张图像的任何研究，也从没想过要弄清楚它的含义——我甚至不知道它描绘的是赫拉克勒斯的十二功绩之一。我的选择出于纯粹的直觉和主观随意，我只知道，这张图像将会成为我书的封面。

你为何会被它吸引？

首先，我认为这张图像中的男性形象具有无与伦比的美。我想我们的反应都是这样感性，且最终都是动态的。当一侧肩膀和脑袋等高，或是比脑袋更高的时候，这具人体就表现出极致的动人之处——我认为它表现出了某种无以言表的脆弱、激情和强大。我注意到，每每当我看到一幅画中的人

[1] 指安德雷亚斯·维萨里（Andreas Vesalius）的《人体构造论》（*De Humani Corporis Fabrica*），16世纪有关人体解剖的七卷本教科书。

30

物低着头，抬着肩时，我都会感到一种疼痛。再就是赫拉克勒斯的斗篷，他张着嘴巴的模样，以及他因透视法而变小的身体。画中的他非常年轻，看起来像是快要睡着了……而且，他的面庞表现出了某种情欲，你几乎可以想象这是一个人高潮时的表情。你也不知道他的眼睛到底在看向何方——那双眼睛几乎像是在内观他自己。你看到过的所有圣乔治屠龙的图像，始终都是刚硬的战斗姿态，圣乔治高举手臂，宝剑即将刺入龙的身体。而尽管赫拉克勒斯也举起了武器，但九头蛇实际上是在攻击他。你会觉得似乎在赫拉克勒斯刺到九头蛇之前，九头蛇就先咬住他了。因此，我从这张图像中看到的是一种脆弱与激情的结合。

有趣的地方在于，你出于直觉为书所选择的封面的确与占星学产生了联系，也象征性地暗示了赫拉克勒斯在追求不朽的过程中实现了自我解放。

我觉得就此而言，我能想到的癌症和九头蛇唯一的关联就是，那些有关癌症的观念就像九头蛇——你砍掉它的一颗头，这颗头就又立刻长了回来。

你的这个说法让我联想到罗兰·巴特所说的"无尽的隐喻"。

是的。你知道，在《疾病的隐喻》这本书结稿时，我突然觉得我在这本书里又回到了"反对阐释"的观点。因为在某种程度上，这本书就是在说：不要阐释疾病。不要把一样东西说成是另外一样东西。我的意思绝不是说你不应该试图解释或理解某件事，而只是不要把 X 的真实含义说成是 Y。不要抛弃事物本身，因为事物本身真实存在。疾病就是疾病。

顺便一提，有一个隐喻我在书中没有提及。原本附加于结核病的价值在现代时期被分割开来——积极的、浪漫的价值归给了精神疾病，而所有消极的价值则归给了癌症。但有一个隐喻存在于二者之间，它的历史和结核病一样有趣，那就是梅毒，因为梅毒的确有它积极的一面。梅毒满载着罪恶感，不仅仅是因为它与不正当的性行为联系在一起，它令人恐惧且被高度道德化，还因为人们将它与精神疾病联系在一起。在某种程度上，梅毒正是结核病与结核病被分割的事实之间所缺失的一环：一边是精神疾病，另一边是癌症。

在19世纪末20世纪初，一个人行为怪异，几乎兴奋到发狂——法语中用"狂热"（exalté）一词来形容这种情形——就会被认为患有梅毒。如果一个二十一岁的年轻人开始语速变快，夜不能寐，马不停蹄，有各种奇思妙想，那他的父母就会将他送去医生那里，检查是否患上了梅毒。

听起来像是服用了安非他明。

是的，正是如此。某种程度上像是服用了安非他明。因为那种行为举止被认为是梅毒患者的典型症状。托马斯·曼的《浮士德博士》中就有写到——人们认为梅毒是成为天才需要付出的代价，而且它具有一些曾经被归于结核病的特质。当然，梅毒导致疯狂、痛苦，以及最终的死亡。但是从发病到死亡，你的身上会发生些非常奇妙的事情。想法如火花般在你大脑中迸发，你有如天才一般。尼采、莫泊桑——所有这些人都患有梅毒，并死于梅毒。但他们都经历了那些亢奋的精神状态，这是他们天才的一部分，或者说正是这些状态造就了天才。所以梅毒也的确有它浪漫的一面：它是一种天才的疾病，在你彻底发疯之前，它会让你的心智产生十到二十年最强有力、最狂热的活动。当然了，这既要归因于他们是天才，同时也因为他们患有梅毒。然而，癌症与此截然不同。

那白血病呢？

是的，在癌症的隐喻当中，白血病是唯一具有浪漫色彩的。如果说有什么癌症可以被看作一种浪漫的疾病的话，那就只能是白血病了。

要说白血病的浪漫色彩，可以看看埃里奇·西

格尔 [1] 的《爱情故事》或是电影《夕阳之恋》[2]。

没错。但也可以想想钢琴家迪努·李帕蒂（Dinu Lipatti）和他 1950 年在贝桑松的最后一场独奏会——你一定听过那场音乐会的录音——当时他被搀扶着走上舞台，献上这场艳惊四座的演出。两个半月之后，他便撒手人寰。迪努·李帕蒂之死于白血病，一如帕格尼尼之死于结核病——在最后一场演出中，舞台上的他全程都在咯血。所以说，是的，白血病是浪漫版的癌症。也许这是因为它是一种不会长肿瘤的癌症——血液里长不出肿瘤。患上白血病并不会觉得有东西在体内生长……但事实上，的确有东西在你体内生长，因为白血病会让你的白细胞从 20 亿个增长到 90 亿个——细胞在繁殖，但并非以肿瘤的形态，也没有针对性的手术，也不存在癌症治疗中令人心生恐惧的器官切除或截肢手术。

---

[1] 埃里奇·西格尔（Erich Segal，1937—2010），美国当代作家，以写作优美感伤的爱情故事打动了一代读者。《爱情故事》（*Love Story*）是他的代表作。

[2] 《夕阳之恋》（*Bobby Deerfield*），1977 年上映的美国浪漫剧情片，悉尼·波拉克执导，阿尔·帕西诺主演。

所以，对，或许我没能在《疾病的隐喻》一书中就白血病进行充分的论述。

你在书中的确强调了疯狂浪漫的一面。但我感觉，过去的几年里，疯狂这个特定的概念似乎已经不如从前光鲜亮丽了。

可是，你不觉得很多人基本上都接受了 R. D. 连恩 [1] 的观点，认为疯子毕竟知道些我们不知道且已经沉寂于意识深处的事情？《纽约书评》最近刊载了一篇奈杰尔·丹尼斯（Nigel Dennis）的文章，他是我在这个世界上最为欣赏的作家之一。他评论了一本书，这本书讲述了·个五岁左右的名叫纳迪娅的女孩所经历的治疗过程 [2]。纳迪娅是位出色的艺术家——绘画天才并不多见，毕竟需要动手——可

[1] R. D. 连恩（Ronald David Laing，1927—1989），苏格兰精神病学家。他极力反对当时的主流精神病学对精神病患者进行隔离、脑叶切除等做法。

[2] 洛娜·塞尔夫（Lorna Selfe）著，《纳迪娅：一个拥有惊人绘画天赋的自闭症儿童》（*Nadia: A Case of Extraordinary Drawing Ability in an Autistic Child*）。

以画出戈雅 [1] 那样棒的作品。她无师自通，只是个小孩，但她患有自闭症。这本书是她的一位心理医生写的。书中写到了医生们讨论如何对她进行治疗。医生们意识到自己如果治好了她，也可能会葬送掉她的天赋。最终，他们还是治好了她，但她再也无法画画了。奈杰尔·丹尼斯描述整个事件时写到了这一点，而且提出了一种观点——我不可能比他说得更清楚了——那就是让她疯下去，让她继续画画。没人会觉得疯了更好，但显然，她的疯狂是自闭症造成的，而她只有在某种程度上孑然一身，保持疯狂所带来的茕茕孑立，她才能保持自己的天赋。但是，丹尼斯提出了一个问题，让世人拥有一位伟大的艺术家难道不更为重要吗？何况，她已然如此出色了。

正如里尔克所说："请不要带走我的魔鬼，因为我的天使也会随之而去。"

---

[1] 弗朗西斯科·德·戈雅（Francisco de Goya，1746—1828），西班牙浪漫主义画派画家。其画作中蕴含的非理性的、情绪化的因素启发了许多后来的现代主义艺术家。

Francisco de Goya

"A Way of Flying (Modo de volar)",

Plate 13 from "Los Proverbios", c. 1815—1816.

是的，因为这二者是一体的。在这个案例中，一个人患有自闭症，同时又是个天才。如果其中一样被拿走了，另外一样也就没有了。这并不是说你得认为她的天赋就来自她的自闭症，只是一旦你着手开始干预，那你很可能无法在去除一个的同时保住另外一个。在那本书中，心理学家说他们认为，对纳迪娅来说，如果有家人的陪伴会更好，因为在疗程中，她每天都在埋头作画，一画就是上千张，她的家人对此手足无措。但奈杰尔·丹尼斯指出，她本会拥有同伴——艺术家们会成为她的同伴！——丹尼斯也指出，在这个世界上，真正伟大的艺术家实属凤毛麟角。

只是我觉得，奈杰尔·丹尼斯所表达的观点，以及十年前盛行的许多观念与 70 年代的时代精神格格不入，甚至是被唾弃的。

让我们来谈谈这种甚嚣尘上的年代论，因为我觉得划分 50 年代、60 年代和 70 年代这样的大框架是很糟糕的做法。这三个十年成了神话。如今，我们得为 80 年代发明些新说法。我很好奇人们会发明出些什么来。这种年代论太意识形态了。

人们认为，60 年代所希冀和尝试的一切基本上都没能实现，也无法实现。但是，谁能打这样的包票呢？是谁说我行我素的人就有问题呢？我认为，这个世界应该保护边缘人。一个好的社会应该具备的首要条件之一，就是让人拥有可以成为边缘人的自由。而一个社会的可怕之处则在于，他们的观念容不下我行我素者或是边缘人。我认为，无论如何，人们都应该始终可以在路边随意地席地而坐，而过去年代发生过的一件好事，就是很多人自愿成为边缘人，其他人似乎也毫不介意。我认为，我们不仅仅要包容边缘人和边缘的意识状态，还要接受奇葩和怪咖。我完全支持怪咖。当然，我也认为，不太可能每个人都成为怪咖——显然，大多数人需要选择一些主流的生活形式。但是，与其变得越来越官僚、死板、压迫和专制，我们为什么不允许更多的人去追求自由呢？

我同意你的说法。对我来说，在 1960 年代中期住在旧金山湾区，应当就像我在想象中住在阿波利奈尔[1]时期的巴黎或是马雅可夫斯基时期的莫斯科一样。而且，能够在那个时代生活在那个地方，我感到非常幸运。但我有时候会想，如今做一个边缘人已成难事，而且不知为何，似乎现在只有在班夫（Banff）、果阿（Goa）或伊维萨岛（Ibiza）这样几个寥寥可数的与时代脱节的地方，人们还在努力保持着过去的精神。

不是吧，你还是可以去 Med 咖啡店（Caffe Mediterraneum）坐坐啊！电报大道（Telegraph Avenue）上还是跟圣安德烈艺术街（Rue St.-André-des-Arts）上一样，人来人往。我觉得只是你变了。你老了十岁，你是一个自由职业者，有一堆工作要做，生活中恐怕没有什么事情能像工作一样无聊透顶了。

我不觉得自己是个边缘人，因为我不是特别想要坐在人行道上嗑药——我太不安分了，我也不想

---

[1] 纪尧姆·阿波利奈尔（Guillaume Apollinaire, 1880—1918），法国著名诗人、小说家、剧作家，被认为是超现实主义的先驱之一。

平息自己的不安分。相反，我想更加不安分，有更多的经历，适应力更强。如果我想成为边缘人，我希望我的边缘表现在我尝试很多事情却无一真正完成（笑），而不是不去做任何事情，就因为我不想参与无意义的竞争。我知道竞争是无意义的，但我的努力一部分是想要保持自己的边缘性，这表现在去破坏我已经成就的事，或是试图去做些别的。一旦我看到一件事情生效了，我就不想再做这件事情了。

70年代的根本不同在于，你不会产生错觉，觉得很多人和你想的一样。我的意思是说，每个人都回归到自己自由独立的状态。但我不觉得我的想法有任何改变。在整个60年代，各种运动、嬉皮士，以及在各种政治场合与我并肩作战的聪明人所表现出的反智主义令我震惊。我无法忍受他们如此反智，而且我认为人们依然非常反智。

我记得在60年代，作家、社会活动家保罗·古德曼[1]曾去大学里演讲，学生们会说，让我们推倒

---

[1] 保罗·古德曼（Paul Goodman，1911—1972），美国作家，著名的公共知识分子，以其1960年代的社会批评作品而闻名。

一切。而古德曼则说，不，这个世界上有着美好之物，我们应该把它们当作一种资源加以利用。学生们觉得他是个老古董。我觉得你和古德曼有同样的想法。

没错。这是对专业性的全面攻击——除了专业性，我们还有什么呢？我的意思是说，努力做好我们的工作，努力使得严肃的、令人满意的工作成为可能。

有人曾经跟我说，你以前一天读一本书。

我的阅读量很大，但大多数书都没怎么用心去读。我喜欢读书，就像人们喜欢看电视一样，而且我有点读书上瘾。心情沮丧的时候，我会捧起一本书读一读，感觉就会好一些。

就像艾米莉·狄金森在诗里写的："花朵和书籍，抚慰悲伤的良药。"

是的。阅读是我的娱乐，我的消遣，我的慰藉，我轻微的自毁。如果我无法忍受这个世界，我就蜷缩在书里。书就像是一艘小飞船，带我远离一切。但是，我的阅读没有任何系统性。我非常幸运，因为我阅读速度很快，我猜和大多数人相比，我都是个读书很快的人。这大有裨益，因为我可以读很多书；但也有缺点，因为我对什么都不精，我只是先都囫囵吞枣，再择期消化。我比大多数人想象的要更加无知。如果你要让我解释结构主义或符号学，我讲不出来。我能想起来巴特书中某句话所描绘的意象，或是大概知道那些东西是要讲什么，但我不会去深究细读。所以，我对各种各样的东西都感兴趣，但我也去 CBGB 酒吧[1]，或是做些诸如此类的事情。

我深信历史，现在的人们不再相信历史了。我知道，我们的所做所想都是历史的创造。我少有信仰，但这绝对是一个真正的信仰：我们认为自然而然的大部分事物都是历史的，都有其根源——特别

---

[1]　位于美国纽约，朋克音乐的诞生地。

是在 18 世纪末期和 19 世纪初期，即所谓的浪漫主义革命时期——从根本上来说，我们今天的期待和感受都是在那个时期形成的，比如有关幸福、个体性、激进社会变革及快感的观念。我们所使用的词汇都是在一个特定的历史时刻诞生的。因此，当我去 CBGB 酒吧看帕蒂·史密斯的演出时，我能够享受、参与、欣赏和更好地专注其中，这是因为我读过尼采的著作。

或者也许是因为读过安托南·阿尔托[1]。

嗯，是的，但是你要知道，阿尔托离现在太近了。我之所以提到尼采，是因为他一百年前就已经在讨论现代社会了，他在 1870 年代就已经在讨论现代虚无主义。如果他活到 1970 年代，他会讨论些什么呢？因为在 1870 年代，很多后来被摧毁殆尽的东西当时都还在。

---

[1] 安托南·阿尔托（Antonin Artaud, 1896—1948），法国戏剧理论家、演员、诗人，以"残酷戏剧"的理论而著名。

但你为什么会提到帕蒂·史密斯呢？

因为她说话的方式，她演出的方式，她试图去做的事情，她这样的人。这些都是我们所处文化当中的一部分，我们所处的文化有这样的根源。观看世界与专注于这个电子的、多媒体的、多轨道的、麦克卢汉式的世界并尽情享受其中，这两者并无矛盾之处。我喜欢摇滚乐。摇滚乐改变了我的生活——我就是个摇滚客！（笑）摇滚乐实实在在地改变了我的生活。

怎样的摇滚乐？

你听了会笑我的。比尔·哈利[1]和他的彗星乐队——他们真的令我大开眼界。我无法告诉你我与流行乐是多么脱节。在 1940 年代，我还是个小孩子的时候，我唯一听过的就是男歌手低吟浅唱的感伤情歌。我讨厌这些歌曲，在我看来它们根本就不

---

[1] 比尔·哈利（Bill Haley, 1925—1981），美国摇滚明星，也是第一位被青少年崇拜的摇滚乐偶像，因此被称作"摇滚乐之父"。

是音乐。然后，我听到了约翰尼·雷[1]唱的《哭泣》（"Cry"）——是一台点唱机播放的——我起了一身的鸡皮疙瘩。几年后，我发现了比尔·哈利和他的"彗星"。然后，1957年我去了英国读书，看了一些受查克·贝里[2]影响的早期乐队在地下室和俱乐部的演出。要知道，坦白讲，我觉得摇滚乐是我离婚的原因。我觉得是比尔·哈利和他的彗星乐队还有查克·贝里（笑）让我做出了决定，觉得必须离婚，离开学术圈，开始新生活。

不会是《摇滚起来》（"Shake, Rattle, and Roll"）里"到厨房去，敲锅碗打瓢盆／喔，来吧我的早餐，因为我饿着肚子"的这句歌词触动了你吧！

当然不是了。（笑）不是因为歌词，是因为音

---

[1] 约翰尼·雷（Johnnie Ray, 1927—1990），美国歌手、作曲家和钢琴家，摇滚乐的先驱者之一。

[2] 查克·贝里（Chuck Berry, 1926—2017），美国吉他手、歌手和词曲作者，他的吉他独奏和舞台风格成为后世摇滚乐的一大影响来源。

乐。简单来说就是：我听到了一种迷醉的声音，就像《酒神的伴侣》中所写的那样，我站起身来，想要循声而去。我的意思是说，我并不知道我想做什么——我并不打算出门加入一支乐队——但我知道，这就像是里尔克那首著名的诗歌《古阿波罗残像》（"Archaic Torso of Apollo"）中最后一句所说的："你必须改变你的生活。"

而且，我是打心底里明白这一点。在 1950 年代后期，我生活在一个完全学术性的大学环境里。没人了解这些，我找不到一个可以分享这些的人，我也不跟任何人说这些。我没问过"你听这种音乐吗？"这种话。我认识的人都在讨论勋伯格。关于50 年代，人们有很多愚蠢的说法。但当时的一个事实是，关注流行文化和投身高雅文化的完全是两拨人。我从没遇到过对这两种文化都感兴趣的人。而我自己向来如此，我过去都是自己做各种各样的事情，因为没有人能和我分享。当然，所有这些后来都变了。这就是 60 年代有意思的地方。但现在，由于高雅文化正在日渐消弭，人们又想后退一步说，嘿，等一下，别忘了，莎士比亚仍然是有史以来最伟大的作家。

你曾经说自己既是一位"痴醉的唯美主义者"，又是一位"着迷的道德家"。然而，很多人似乎都不了解你道德家的一面。在讨论莱妮·里芬施塔尔和法西斯艺术本质的文章中，你写道："里芬施塔尔的电影表达着某种渴求，这些渴求所包含的浪漫理想至今仍深深吸引着许多人，并在青年文化／摇滚乐文化、原始疗法（primal therapy）、连恩的反精神病学（anti-psychology）、对第三世界的追随、对教派领袖的追随和神秘学信仰等不同文化和共同体形式中被表达。"这涵盖了很多领域，而且我似乎记得，你在其他的文本中对浪漫主义理想的一些方面表示了认同。

如果说佛教是人类精神的最高点，这似乎很有说服力。在我看来毋庸置疑的是，摇滚乐是流行乐史上最伟大的运动。如果有人问我是否喜欢摇滚乐，我会跟他们说我爱摇滚乐。或者，如果你问我佛教是否是人类达至超验、通透深刻的不思议时刻，我会说是的。但我们的社会是如何对佛教产生兴趣的，这又是另外一个话题了。把朋克摇滚当作音乐来听是一回事，理解摇滚背后对施虐 / 受虐—恋尸癖—恐怖剧（Grand Guignol）—《活死人之夜》—《德州电锯杀人狂》所有这些的热爱则是另外一回事。一方面，我们讨论的是这一文化情境以及人们从中获得的动力；另一方面，我们讨论的是这个东西的本质。而我不觉得这两者是矛盾的。我毫无疑问不会放弃摇滚乐。我不会说，因为孩子们顶着吸血鬼的妆容或是戴着纳粹党徽走来走去，这种音乐就不好了——这是一种古板、守旧的评判，目前仍方兴未艾。做出这种评判很容易，因为显而易见，大多数做出这种评判的人对摇滚乐一无所知，也对这种音乐毫无兴趣，内心、感官或是情欲都不曾被这种音乐触动过。我最多会因为加利福尼亚或夏威夷发生的事情[1]而不再尊崇佛教。每种东西都会被滥用，

---

[1] 应指 1960 年代活动于加利福尼亚和夏威夷地区的嬉皮士们发起的反文化运动。当时，美国的年轻一代对现状非常不满，却又不知道应该如何解决，选择了用拒绝工作、到处游荡以及"禅修"作为对抗主流文化的武器，并对佛教进行了极其"美国化"的改造。

但总有人会试着去解决这个问题。

现在，我认为有一种法西斯主义的文化冲动，狂热无比。举一个经典的例子吧，这个例子比我们能从当代流行文化中找到的任何案例都更贴切：尼采。尼采确确实实为纳粹主义提供了灵感，他的著作中存在着预言并支持纳粹意识形态的内容。

我并不会因此而摒弃尼采，但我也不会否认尼采书中的那些内容后来就发展成了纳粹主义。

你认为存在法西斯主义感受力这样的东西吗？

存在，我认为存在一种法西斯主义的感受力，能够渗进各个角落。要知道，前不久，我在新左派的很多活动当中就注意到了这种倾向。这非常困扰我，而且在 60 年代末期和 70 年代初期的时候，人们的主要精力都放在了如何阻止美国在越南的战争，新左派的这种倾向并非大家愿意在公众场合公开讨论的话题。但毋庸置疑的是，新左派的很多活动都与民主社会主义相去甚远，而且还极度反智。这在我看来就是法西斯主义倾向的一部分——反文化、满腹怨恨、野蛮，而且折射出一种虚无主义。法西斯主义中存在一些修辞，听起来与新左派的风格有异曲同工之处。但是，这并不是说，新左派是法西斯主义——各个保守派和反动派可能会这么说。然而，我们必须非常清楚地认识到，所有这些东西都并非目标，而是过程。而且，因为人类的本性所在，会使得我们的境况极其复杂。每样事物当中都存在着矛盾的力量，你必须时刻注意矛盾之所在，并尝试将其梳理清楚并解决掉。

当你前面说到与施虐／受虐—恋尸癖相关的感受力时，我想到了你具有争议性的文章《色情之想象》（"The Pornographic Imagination"），以及你对这种感受力和想象力的大胆探索。但在我看来，你在那篇文章中就极端形式的性体验的本质所提出的论断，似乎是有待商榷的。我必须要承认，这听起来或许幼稚，但我更倾向于同意精神分析学家威廉·赖希 [1] 的观点，即受虐和施虐的冲动植根于身

---

[1] 威廉·赖希（Wilhelm Reich, 1897—1957），美国心理学家，心理分析家，弗洛伊德主义的马克思主义代表人物。

体，是性格防御和生理能量停滞产生的结果。但在你的文章当中，你提出："虽然可以被压制，但性仍然是人类意识中的邪恶力量之一——促使我们不时接近禁忌和危险的欲望：从突然对他人滥施暴力，到对消除个人意识的颓靡渴望，即死亡本身。"

我认为赖希的一个观点对心理学和心理治疗有巨大贡献，那就是他提出的性格防御这一概念，以及人们如何反性欲地、严密地将情绪压抑在内心深处。他这方面的论述绝对正确。但我认为，他的确不理解人性中的邪恶一面，他眼中的性只是一个美妙之物。性当然可以是美妙的，但它也是一个非常黑暗的领域，是邪恶的剧场。

你在文章《迷人的法西斯主义》中对施虐/受虐剧院的主场景提出了惊人的构思："颜色是黑色，材料是皮革，诱惑是美，理由是诚实，目标是高潮，幻想是死亡。"我想我无法深刻地理解这些内容，因为我尚未穿过那些地狱的诱惑之门。

我也并未深刻地理解，因为这并不是我。但我想，我比你更加理解的原因是，我知道这是真实存在的，也知道人们之所以能持续将性简单地看作快感——最理想的情况下，它表现为触碰、爱和感官享受等形式——是因为他们没有走到性的极限……当然了，他们可能也不应如此，因为这是在玩火。如果我们追求性的极限，我觉得它会是一个比我们所想象的更宏大、更无政府的东西，这也是为什么在整个人类历史中，性始终都是被管制的对象。我不觉得人们理解为什么会有性被压制这一问题。我想把这个问题反过来。我认为，大多数社会在相当大的程度上对性进行压制的原因正是，人们其实已然明白性可以脱离控制，并具有彻底的破坏性。

说到这里，我不禁想起威廉·布莱克（William Blake）有两句我最喜欢的诗："想想吧，喔，凡人，只能活六十个年头的虫豸 / 想想这具性欲之躯，你终将长眠于尘。"

是的，人类的性出了问题（笑）。不用说，我们不是动物。当然，动物的性没有问题，但同时，它的确有些可怕，因为它是纯粹生理性的，而且在大多数情况下，对雌性来说是相当不适的。除了一些物种，比如狼，它们有着更加类似于家庭的生活模式，通常也都是单偶制。但动物的性通常都是一种疯狂的、无关其他、完全抽离的行为，而且像我刚才提到的，对雌性极为不利，并且似乎完完全全就是为了生殖繁衍。人类的性则截然不同，只是不怎么行得通——事实上，我曾经说人类的性能力是一种错误的设计。我的意思是说，将性转移到另外一个层面，使其成为一种心理和情感的东西，这种做法并不完全奏效——只有当性以某种方式得到控制或抑制时，这种做法才能奏效。你看过大岛渚的电影《感官世界》吗？

我看过，恐怕我此生都无法忘记。你不可能忘记那部电影的结局：女人在做爱的过程中勒死了男人，然后割下了他的阴茎，并用鲜血在他的胸口上写下"我们两个人永远在一起"。

要知道，我觉得大岛渚是对的。我认为那是一种真实的体验。幸运的是，很少有人能享有这种体验。但这是一个完美的例证，说明了如果不知节制会发生什么。他们抵达了极致，而极致就是死亡。

我觉得，在威廉·赖希写到当法西斯主义操控了这种破坏性的冲动会有什么样的后果时，他表达了与你不同的对性的看法。他认为法西斯主义利用了性欲被压制所导致的沮丧感，然而在我看来，你或许认为法西斯主义之所以能够轻易地利用这一点，是因为具备性欲的人体机体从根本上来说就是病态的。但我认为，赖希可能会提出反驳，认为性之所以会被利用，是因为它实际上是健康的，只是未能找到一种健康的疏解自身的方式。你明白我的意思吗？

但我相信这也是实际情况。我知道有些人的性生活是愉悦、享受、没有破坏性，也没有施虐／受虐倾向的。我绝不是说这不可能。事实上，这不仅仅是可能的，也是可取的。我只是觉得能够做到这

56

样的人并不会追求极致的性，而且正如我前面提到的，他们也不应那样做。但我不同意赖希认为法西斯主义主要源于性压抑的观点，尽管我承认法西斯主义的确拥有一套非常强大的、为人所追捧的性修辞。

你曾经提出过一个有趣的观点，即与其说对纳粹标志的热衷是对个人个体意识的肯定，不如说实际上是体现了"被压抑的性选择自由"，以及"难以承受的个体性"。

是的，这也可以用来解释朋克现象。但是，因为人们知道我喜欢去听一些摇滚音乐会，他们也就时常问我怎么能去听这种东西，因为纳粹标志经常出现在这些场合。但我并不认为朋克就是法西斯主义的重生，而是在一种虚无主义的语境中表达了对强烈感知的渴望。我们的社会是建立在虚无主义之上的——电视就是虚无主义。我的意思是说，虚无主义并非前卫艺术家的某种现代主义发明。虚无主义深存于我们的文化。

我们在前面谈到了你为《疾病的隐喻》一书封面选择了画着赫拉克勒斯和九头蛇的图像，我还想问你一些有关《论摄影》一书封面和封底所用照片与版画的问题。这本书的封底是一幅奥诺雷·杜米埃[1]的漫画，画的是19世纪法国摄影师费利克斯·纳达尔（Félix Nadar）在热气球上探身从上空拍摄脚下的巴黎城时的场景。这幅漫画也体现了你所说的摄影师作为一位客观记录者的角色，"从一切可能的角度来记录世界上潜在的万事万物"。

　　当然，我们不能忘了这是飞机尚未被发明的时代，即使是热气球，其所采用的动能方式也是非常罕见的。因此，它提供的是一种上帝视角，而且看起来相当危险——纳达尔看着似乎要从气球里掉下来，让人感觉他的姿势十分不安全。他完全可以蹲下来，而且我确信，在他钻进气球拍摄空中照片的实际情形中，他的大半个身子其实都是在吊篮里

---

[1] 奥诺雷·杜米埃（Honoré Daumier, 1808—1879），法国著名画家、讽刺漫画家、雕塑家和版画家。

NADAR. élevant la Photographie à la hauteur de l'Art

Honoré Daumier

Nadar Elevating Photography to the Height of an Art, 1862.

的。但是，这幅图像最引人注意的地方是其对巴黎——世界——的呈现方式。所有的建筑物上都有PHOTOGRAPHIE（摄影）的字样：所以这是一个摄影师在给摄影本身拍摄照片！

封面是一张银版照片，照片中的两个人拿着另外一张银版照片。在杜米埃的版画中，摄影师正在拍摄世界，这个世界被转化成了……什么呢？摄影。所以，封底的版画和封面的照片都以图像的形式揭示或暗示了摄影的某种反身性。

说到封面上的照片，我想起你曾经提出："艺术是过去存在于当下之中最普遍的表现形式。成为过去的一种形式，就是成为艺术。"而且，你还谈到了过去本身如何赋予摄影艺术性。在我看到这张封面照片时，我看到的是一个男人拿着一张银版照片，面色非常忧郁，纪念着已然成为过往的东西，而他身边的女人则直视着镜头，望向未来。这幅画面极富寓意，看完使人久久不能忘怀。

你说的没错。我在找图的过程中，看了无数照

Susan Sontag

On Photography, Farrar, Straus & Giroux, 1977.

片，然后在翻阅一本书时，我看到了这张照片。我说，这就是《论摄影》的封面。这张照片就跃然于我眼前，我知道它以非常浓缩简练的方式极好地表达了《论摄影》一书的主旨——图像是如此丰富。我也立刻意识到了这两个人是多么的不同。正如你所指出的，这个面色忧郁的男人实际上是紧紧握住银版照片的人，而这个女人只是将右手搭在相框上。你不会觉得她也握着照片，她只是和这个男人一起构成了一个画面，因为这张照片是摆拍；而因为她不需要拿着照片，她就可以望向镜头之外。一方面，由于这个男的得实实在在地握住这张照片，脑袋与照片靠得非常近，他就更加地紧贴这张照片，也就因此不能像女人那样望向镜头之外。所以，我的确从他们二人的两种眼神之中看出了差异。我不知道为什么有人会认为他们俩是一对夫妻，他们也可以是兄妹姐弟，而银版照片上的人可能是他们的父母。

我之前以为自己通过一种文学表达来讨论一个视觉现象，或许对这张封面的照片过度"解读"了。

是吧，我觉得我们的确有"读"图这种说法。这也是一个隐喻。读图这个说法承载着大量的内涵。但的确，照片值得我们投以一定的关注，我们可以从中看到越来越多的东西。在看有的照片时，我会意识到自己突然看到了之前未曾看到的东西。显然，我之前已经看到了，但只是纳入了视线，却没有尽收于眼底，因为我并未用心去看。

你在书里用多形、多价、多元、增殖、离散、消费等词描述了摄影的性质及其主要特征，认为摄影是一种丰富的、奢侈的、不满足的观看世界的方式。在谈及照片时，你还一次又一次地用到了这些词：占有、包装、支配、殖民、庇护、禁锢、消费、收集、侵略。

是的，但也有很多其他的词：迷人、纠缠、着迷、启发、愉悦。但我想回到你提到的"侵略"一词，这个词遭到了很多人的批评。在我看来，说一样东西具有侵略性，这本身并非贬义。或许我原以为大家能够理解这一点，而我现在才认识到，人们将"侵略"看作一个极具贬义性的词语，这是相当伪善的。我之所以会说伪善，是因为这个社会已然对自然以及各种生存秩序大肆侵略。我的意思是说，活着就是一种侵略。当你游历世界各地时，你就参与了所有层面的侵略；当你行走时，你在占据他人无法占据的空间，你在踩踏植物、动物以及微小的生物。因此，存在一种正常的侵略，它是生活旋律的构成。我认为，对相机的使用，尤其使得某种典型的现代侵略形式得到了加强——你走到一个人的面前说，站着别动，然后给这个人拍张照片。因为拥有了相机，人们认为这是一种稀松平常且完全可取的占有方式。当人们看到一样东西，而且想带回家时，他们就拍摄下来，实现自己的这一想法。人们在收集世界。但是，我不希望人们觉得我认为是摄影带来了占有、收集和侵略，或者说，如果没有了摄影，这些问题就不存在了。我当然不是这样的意思，但我的感觉是，人们认为我是这么想的。

但你不觉得你的确将摄影和某种消费社会联系在了一起吗？

哦，当然了。这是事实。

在收录于《我，及其他》一书的故事《中国旅行计划》中，你写道："旅行是一种积累。灵魂的殖民主义，任何灵魂，无论本意多么纯善。"在另外一则故事《没有向导的旅行》中，你宣称："我不想比原来知道得更多，不想比原来更依恋那些地方（名胜地）。"在你的文章《沉默的美学》（"The Aesthetics of Silence"）中，你认为"有效的艺术作品只留下一片静默"。而在你著名的《反对阐释》一文中，你指出："去阐释，就是去使世界贫瘠，使世界枯竭——为的是另建一个'意义'的影子世界。阐释是把世界转换成这个世界……世界，我们的世界，已足够贫瘠，足够枯竭了。要去除对世界的一切复制，直到我们能够更直接地再度体验我们所拥有的东西。"你的写作自始至终似乎都在讨论同样的问题。

是的，同样的问题，这个问题无处不在。但我必须要说的是，我自己并未意识到这一点。我完全不知道自己从开始写作以来一直在探讨同样的问题。这很神奇，但我不想太多地去想这件事，因为这可能会破坏我脑子里的想法。和人们想的截然相反，我所做的大多数事情都是发自直觉，出于偶然，完全不是人们想象的那种经过理性、深思熟虑的。我只是遵循自己的本能和直觉。你看，我一直都觉得我的随笔和小说探讨的是完全不同的主题。我还一直很心烦，因为这两种完全不同的写作在我看来是我的双重负担。直到最近，我才不得不注意到，自己的随笔和小说在很大程度上有同样的主题，提出同类的断言或疑虑。这两种写作是如此的统一，发现这一点时我吓坏了。

法国电影评论家安德烈·巴赞认为，摄影能够把"遮蔽我们双眼的精神尘垢"从这个世界上清除掉。

当然了。我在《论摄影》的第四篇文章中谈到了这一点，指出摄影能带给人新的眼界，净化人的视觉。

这也关系到自我解脱的观念。

我想，从我的小说《恩主》开始，各种关于自我解脱的观念可能就成了我写作的核心。我的意思是说，这篇小说不过是一则讽刺、滑稽的故事，讲述了一类老实人不去寻找世界可能的美好之处，而是去追寻某种清醒的意识状态，一种能使得他获得适度自我解脱的方式。这也体现在这个古怪的主人公半滑稽、半直白的思考当中。而且，我现在注意到，《恩主》中也有和摄影相关的内容。

你在《论摄影》中写道："摄影是自我与世界之间固有的一种暧昧联系的范例。"你还指出："所有关于摄影的美学评价，其核心都模糊不清。"我把你提到的一些模糊不清记了下来，的确相当多：帝国主义与民主化之间的，意识的麻木与觉醒之间的，对经验的肯定与否定之间的，激进的批评与温和的讽刺之间的，现实与图像之间的。因此，在《论摄影》中，你实际上系统地构建了一系列可观的结构关系。

但这正是我想要做的事情。我喜欢照片。我不拍摄照片，但我看照片，爱照片，收集照片，着迷于照片……这是一个由来已久且浓厚热烈的兴趣。我之所以会产生书写摄影的兴趣，是因为我将摄影看作反映这个社会所有复杂性、矛盾性和含糊性的核心活动。因此，这些复杂性、矛盾性、含糊性正是摄影之所是，是我们思考的方式。对我来说，有意思的地方在于，这项活动——既包括拍照片，也包括看照片——囊括了所有这些矛盾性。我想不出还有哪项活动能够将所有这些矛盾性和含糊性都包含在内。因此，《论摄影》是一个案例研究，研究在20世纪一个高度工业化的消费社会中生活是怎样的状况。

一些摄影师似乎对这个特定的话题并无兴趣。

甚至，他们当中一些人还感觉受到了冒犯，是吗？

是的，《论摄影》是一本任何摄影师都写不出来的书。但我认为，所有摄影师对书中的大部分内容都洞若观火。他们要么是没有将这些内容理出个头绪，要么是觉得谈论这些内容于自身无益。但是，当我与亨利·卡蒂埃-布列松或理查德·阿维顿[1]交谈时——我恰好私下认识这两位摄影师——他们对书中所写的内容都了然于心。当然，他们不会去写这样一本书，这也并非他们的职责所在。有的人跟我说过这样的话：你又不是摄影师。没错。但关键就在于，只有一个不是摄影师，也没有投身这项活动的人才会写出这样一本书。我投身于看照片这件事情，并从中获得快感，但如果我也拍照片的话，那就不可能会有《论摄影》这本书了。

你在书中指出："照片中的世界与真实世界之

[1] 理查德·阿维顿（Richard Avedon，1923—2004），美国肖像摄影大师，《纽约客》首席摄影师。以时尚摄影起家并开创了自己独特的风格。

间的关系就如剧照与电影间的关系一样，根本就是不准确的。生命不是一些意味深长的细节，被一道闪光照亮，永远地定格。照片却是。"我曾经读到过玛雅人有一个表示智慧的词，意思是"微小的闪光"，神秘主义者则经常谈论顿悟或启示的闪光。批评家乔治·斯坦纳曾经写过尼采和维特根斯坦等作家所运用的文学碎片中所迸发的灵光一现，并提及了"其即时性中一闪而过的确定性与即时性必然的不完整性"，还强调了它在重要思想产生过程中的重要性。

首先，就事实而言，这些属于非常不同的层面。有的闪光在我看来并非碎片。顿悟不是碎片。高潮也不是碎片。当然了，有的事情发生在有限的时间内，却极度强烈，似乎要将你带到意识的另一个境界，或是为你打开通往新事物的大门。借用《新约》中所描绘的场景来说，这道门或许是一道窄门，一处狭小之地——你穿过这道门，那就是一道闪光，如果你愿意称之为闪光的话，然后你就进入了另一个世界。因此，事情或许微小，或许短暂，但并不一定就意味着这是一道闪光。碎片则又是另外一回事了。

碎片似乎真的是我们这个时代的艺术形式。任何反思过艺术和思想的人都必须面对这一问题。我最近听到罗兰·巴特说,他现在的全部努力就是超越碎片。但问题是:这可能吗?碎片之所以能自浪漫主义时期开始,就成为最主流的艺术形式,原因就在于它使得事物更真实,更纯粹,更强烈。在一些三生有幸的时刻,我们体会到快感,得到顿悟,一些事情可能来得比其他事情更强烈,因为我们在自己的生命和意识中处于很多不同的阶段。但是,你能够辨认出某个时刻是三生有幸的——这一时刻不仅令人难忘,而且你因之而改变——并不意味着这个时刻是个碎片。它可能意味着这是此前所有事情所抵达的高潮。你能定位和区分事物,这一事实并不能证明这些事物的碎片化特质。

你在那篇关于让-吕克·戈达尔的电影《随心所欲》启人深思的文章中,实际就采用了碎片式的结构,也由此体现了这部通过一系列碎片展开情节的电影的伟大与丰富。

是的，我认为碎片这种形式有一些非常宝贵的东西，它能呈现事物之间的断裂、空间和静默。另一方面，你可以说它一眼看来是堕落的——不是道德意义上的——因为它象征着时代的终结，我指的是一种文明、一种思想传统或一种感知力的终结。碎片的前提是一个人拥有非常丰富的知识与经验。在这个意义上，碎片是堕落的，因为你必须拥有所有这些知识与经验，这样才可以在引用和评述时不必——说明。这不是一种年轻文化的艺术形式或思想形态，需要把事情——讲明，而是说，我们知道很多，我们也了解视角的多元，碎片则只是确证这一点的一种方式。

在一篇文章中采用线性论述的方式时，我会感到非常焦虑。因为我的思维非常跳跃，我觉得我必须让事情听起来比实际上要更为连贯。而且在我看来，一段论述更像是车轮的辐条，而非环环相扣的锁链。然而，看书就是要从左手页逐字看下来，再到右手页逐字看下来，然后再翻页。我想不出别的更好的看书的方法。我并不是说我们应当放弃按照页码顺序看书的方式，而是说我们可以像约瑟夫·弗兰克[1]多年前所提出的那样，用"空间形式"的方法。碎片的问题非常复杂。

想想古希腊诗人阿基洛库斯（Archilochos）和萨福的断章，实际上都是原本完整的作品的残篇，但其留有的余韵仍然能让我们产生深深的共鸣。

这是因为我们对碎片的形式很敏感。有的碎片是由于历史的损毁造成的，我们必须假定这些文字在被写出来的时候并非碎片——它们成为碎片是因为有的东西亡佚了。在我看来，《断臂的维纳斯》若非断臂，就不可能拥有如此的盛名。人们自 18 世纪起就发现了残缺之美。我想，对碎片的热爱首先源于某种历史的沧桑感和时间的摧残感，因为以碎片的形式出现在人们面前的是曾经的作品，它们的

---

[1]　约瑟夫·弗兰克（Joseph Frank，1918—2013），美国文学批评家。1945 年，弗兰克在《现代文学中的空间形式》一文中，首次提出了以"空间形式"之概念为起点的全新叙事理论，影响巨大。

一部分遗落、损毁或丢失了。当然，现在，人们也可以以碎片的形式进行创作，这不仅是有可能的，且的确非常打动人心。就像在 18 世纪时，有钱人会在他们的土地之上建造仿古遗迹一样，在思想或艺术的世界里，碎片也好像仿古遗迹。

在某种意义上，摄影也是。

是的，我认为摄影表现为碎片的形式。静态照片的本质在于它反映了一个碎片的精神状态。当然了，它本身是自足的。但是如果和时间的历程联系起来看的话，它则成了一个留给我们的，关于过去的生动碎片："是的，我们当时是如此的快乐，我们站在那里，你曾经如此美丽，我穿着这件衣服，看啊，我们看起来多年轻啊。"诸如此类的。我的意思是说，在拍照时，人们并非是以这种精神状态来拍摄的，但时间会改变照片的含义。

你曾经断言："一张照片在本质上是永远不能完全超越其表现对象的，而绘画却能。一张照片也不能超越视觉本身，而超越视觉在一定程度上却是现代主义绘画的终极目标。"但是，就拿阿尔弗雷德·斯蒂格利茨[1]的照片来举例，他在纽约北部的乔治湖拍摄夏日天空中云层翻卷的照片，就表现出了和马克·罗斯科[2]绘画中一样的灿烂光辉，你怎么看呢？

因为它们是伟大的照片。你要知道，我真这么觉得，这并非简单的溢美之词。斯蒂格利茨是位伟大的摄影师，你在看那些照片时所产生的感受正是你对杰出艺术作品的反应。我之所以用了"超越"一词，并不是说没有出色的照片，或者说照片无法带来和绘画同样的感受，而是说摄影这项事业的本质是以一种与绘画不同的方式进行再现。如果确实要拿斯蒂格利茨和罗斯科相比较的话，你可以说斯

[1] 阿尔弗雷格·斯蒂格利茨（Alfred Stieglitz, 1864—1946），美国摄影师，现代艺术促进者，在将摄影变成公认的艺术形式之进程中发挥了重要作用。

[2] 马克·罗斯科（Mark Rothko, 1903—1970），拉脱维亚裔美国画家，其作品通常以单一色彩表现人的情绪，被认为是抽象表现主义的典范之作。

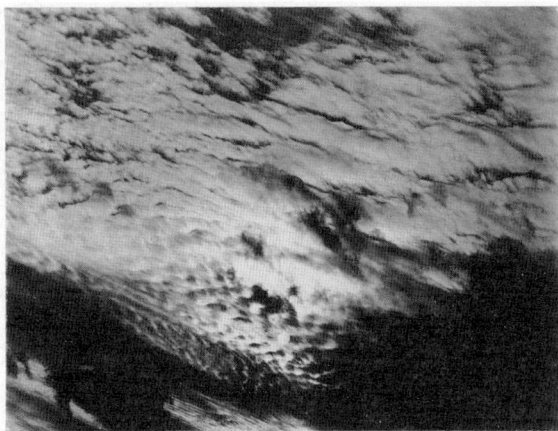

Alfred Stieglitz
Equivalent, from Set A (Third Set, Print 5),
Gelatin silver print，1929.

蒂格利茨的作品给人以灿烂的光辉感，但那仍然是具象层面的。

然而，在透纳[1]和莫奈的作品中，对主题的指涉可以是非常隐晦的；在罗斯科的作品中，主题甚至可以完全消失。但在我看来，这并非摄影的优势所在。当然了，杰出的抽象照片也存在，但是，哪怕是抽象照片也有其参照。举例来说，以莫霍利－纳吉[2]为代表，拍摄宏观或微观机器世界的包豪斯风格的摄影，也只是因为它们以特写或简化的方式拍摄了一个机器的部件，从而显得抽象。但这些都是精心设计出的形式，我们仍然知道有一个这些物体完整存在着的世界。

在《论风格》这篇文章中，你写道："谈论风格，是谈论艺术作品总体性的一种方式。正如一切有关总体性的话语一样，谈论风格，也必须有赖于隐喻。

---

[1] 约瑟夫·马洛德·威廉·透纳（Joseph Mallord William Turner，1775—1851），英国浪漫主义风景画家、水彩画家和版画家，他的作品对印象派绘画发展有相当大的影响。

[2] 拉兹洛·莫霍利－纳吉（László Moholy-Nagy，1895—1946），匈牙利画家和摄影师，也是包豪斯学校的教授。

而隐喻却使人误入歧途。"大体而言，你对隐喻持怎样的态度？

　　我必须以一种更为个人化的方式来回答这一问题。自从我开始思考，我就意识到，我从理论的角度理解事物的方式是看到它们的内涵、背后的隐喻或范式——这种理解方式对我来说是自然而然的。我记得，在我十四五岁开始阅读哲学的时候，隐喻就令我深感震撼，我想说，如果换一种隐喻，会是另一种结果。我对隐喻始终抱着这样一种不可知论。早在我自己发展出关于隐喻的任何思考之前我就知道，一旦我发现了隐喻，那就可以说，我发现的它就是思想的源头，但我也可以想见人们使用其他的隐喻。我知道关于这方面的理论数不胜数，但因为我更多的是追随我身为一名作家的直觉，所以我就没有特别去留意。

　　现代派、先锋派、实验派，或者很多我认为好的写作，其吸引我的地方在于这些作品对隐喻的净化。这种简约无华的品质是贝克特和卡夫卡吸引我的地方。我一度比现在更欣赏如罗伯－格里耶这样的法国小说家，当时他们吸引我的正是他们的目标，即不使用隐喻的理念。

所以，你所说的"对隐喻的净化"指的是对隐喻的去除。

某种程度上，是的，或者至少对隐喻持极度怀疑的态度。隐喻是思考的核心，但当你使用它们时，你不应当相信它们——你应当知道，它们是一种必要的虚构，或者也许是一种不必要的虚构。我无法想象任何一种思想不包含隐晦的隐喻，但事实上，隐喻的确暴露着自身的局限。我感兴趣的始终都是一种话语，它表达了上述的怀疑主义，超越了隐喻，成为某种干净透明之物，或者用巴特的话来说，一种"零度写作"（zero degree writing）。当然，你也可以像詹姆斯·乔伊斯那样走上截然相反的路径，为语言尽可能多地注入内涵，但这就不是隐喻了，就比如乔伊斯的《芬尼根守灵夜》，只是在用语言本身玩文字游戏，极尽一个词语所能表达之意。但我知道，在我读到这样一个隐喻的时候，比如，"河

流穿过桥拱，一如手套上的手指"……这个隐喻怎么样?（笑）

很棒!

嗯，当我读到这样的隐喻时，我感觉——而且这是一种原始的、发自内心的感觉——就像是被人扼住了喉咙，我的大脑有一点短路了——我读到了河流，我读到了手套，一个干扰着另外一个。因此，我真正想说的是，这是我某种根本的、骨子里的偏好。

这听起来似乎是我将所有的诗歌都拒之门外了——比如莎士比亚的十四行诗。我并非反对诗歌——相反，我读得最多的就是诗歌和艺术史。但是，鉴于仍然存在所谓的散文，仍然存在所谓的思考，我想我会不断地绕回到什么是隐喻这个问题。隐喻与明喻不同：如果你说一个东西像什么，那好，这两者之间的区别是非常明显的……尽管有的时候也没有那么明显，因为诗歌可以非常简洁。但是，举例来说，当你说"疾病是一种诅咒"，我认为这是思维的某种崩溃——这是一种停止思考的方式，让人定格在某种态度中。在我看来，智识思考实际上是一种批评——深刻意义上的批评——因为人不可避免地要参与到新隐喻的构建当中，我们必须通过隐喻来思考。但至少我们应当对现有的隐喻持批判和怀疑的态度，如此才能解放思想，广纳四方，发散思维。

我一直很喜欢墨西哥作家奥克塔维奥·帕斯[1]笔下的一个绝妙隐喻："在诗歌当中，存在与对存在的渴望在瞬间交汇，如同嘴唇触碰到了水果。"能把如此抽象的东西表达得如此具有感官性，实在是了不起的成就。

是的，我也这么觉得。但是，我前面提到的河流与手套的隐喻之所以会困扰我，或许是因为河流穿桥而过已然是非常感官的了。

---

[1] 奥克塔维奥·帕斯（Octavio Paz，1914—1998），墨西哥作家、诗人、文学批评家，1990 年获诺贝尔文学奖。

讽刺的是，你讨论隐喻的方式让人感觉，隐喻和癌症的运作方式在某种程度上是一样的！

（笑）好吧，我肯定不想把癌症当作隐喻。但或许你可以说，隐喻是一个压缩的明喻。就比如，当你说，它像这个，那意思是再清楚不过的了。

是这样的，我一直都在思考什么是必须去书写的。我很难觉得我全部想做的写作就是讲故事，因为我知道的太多了，无法只是去讲故事。你可以用一千页的篇幅来描述一个下午，但你将哪些排除出去，将哪些纳入进来？我们并不天真，也不会像过去的艺术家那样被传统所束缚。因此，在《我，及其他》的故事中，我试图做一些别的事情，一些能给材料带来某种必要性的事情。最纯粹的必要性——在某种程度上，甚至可能是最有效的——就是寓言（fable）的形式。寓言并非隐喻，寓言是一则传授某种道德的故事……

但或许喻道（parable）是另外一个例证。[1]

是的，我们用喻道来代替寓言的说法吧。我所欣赏的那些作家，他们都在挑战一个观念，即一个人所写的东西应该在某种程度上是无可辩驳的。而且我在贝克特、卡夫卡、卡尔维诺、博尔赫斯，以及一位叫作哲尔吉·康拉德[2]的杰出匈牙利作家身上都发现了这种品质。

尼采认为真理只是旧有隐喻的固化，你怎么看待这一观点？他讨论的是刻板印象与陈词滥调如何摇身一变成了世界的真理。

但这是一种非常讽刺意义上的真理。这或许是我的局限性所在——极可能是——但我无法理解真

---

[1] 原文中的"fable"与"parable"皆指短寓言故事，其主要区别在于，"喻道"（parable）的主角往往是人，而"寓言"（fable）的主角常为动物、植物或物体。

[2] 哲尔吉·康拉德（György Konrád, 1933— ），匈牙利最知名的当代作家、知识分子。其与人合著的作品《知识分子走向阶级权力之路》被西方左派奉为经典之作。

理，除非是相对于谬误而言的真理。我总是通过看到谬误的东西来发现我所认为是真理的东西：这个世界基本上满是谬误，而且，真理是通过对谬误的拒绝才显露出来的。在某种程度上，真理是相当空洞的，但能逃离谬误就已经是一种极好的解放了。

以女性问题为例。关于女性的真理是，整个父权价值的体系——或者随便你怎么称呼它——是错误且压迫性的。真理就在于，它是谬误。

几个世纪以来，父权观念都认为女性是对立于男性的。

应该说，低劣于——基本观点是认为女性在孩童之上，男性之下。女性是长大了的孩童，有着孩童的魅力和吸引力。

长期以来，这个世界认为女性只会"呼喊与细语"——借用英格玛·伯格曼电影片名来说——而无法辩证思考。这一直令我感到震惊。

在我们的文化中，分配给女性的是感觉的世界，因为男性的世界被定义为是一个行动、力量、有执行力和超脱力的世界。因此，女性就成了情绪和感受的构成。在我们的社会中，艺术基本上被看作一种女性活动，但在过去肯定并非如此，因为男性以前并不是通过对女性的压制来定义他们自身的。

我最早投身的事业之一是反对把思考和感受对立起来，这种对立实际上是所有反智观念的基础：心智与大脑、思考与感受、猜想与判断……我不认为这种对立是正确的。我们的身体大同小异，但思维方式却截然不同。我相信，相比身体，我们的思考更多是受到了所在文化的影响。因此，世界上才会有更为丰富多样的思维。在我看来，思考是感受的一种形式，感受也是思考的一种形式。

举例来说，我所做的事情以书籍或电影呈现，这些作品并不是我，而是某些东西的转录——它们是文字或图像或其他什么东西——人们想象那是一个纯粹智力的过程。但我所做的一切似乎都关乎直觉，一如关乎理智。这并不是说爱取决于理解，而是说爱一个人就意味着要牵涉到各种各样的思考和判断。这就是爱之所是——有着智力架构的生理欲望和情欲。然而，把思考和感受对立起来的想法是一种蛊惑人心的观念，它煽动人们去怀疑本不该怀疑的，或自满于本不该满足的，从而制造了很多麻烦。

对于人们来说，以这种方式来理解自身似乎是极具破坏性，也极具罪恶感的。思考与感受、心灵与大脑、男性与女性，这些相互对立的刻板印象都是在人们确信世界正朝着某个方向发展的时候被发明出来的——朝着技术统治、理性、科学等方向——但它们之所以会被发明，也是为了用来抵御浪漫主义的价值观。

在《恶之花》中的《高翔》（"Élévation"）一诗中，波德莱尔这样写道："我的精神，你灵巧地游移，如矫健泳者／沉醉于波涛，欣然穿梭／在无尽的浩瀚里，雄姿英发，不可言喻的快乐。"这首诗将思考和感受与一种专属"男性"样貌的意识及性联系了起来。

然而，我最近读到一篇法国作家埃莱娜·西

苏[1]的采访。在采访中，她用了另外一种游泳的意象。她说："说写作不会表现出性别差异，就等于将写作简单地视作一个制造物。从承认写作来自整个身体的那一刻起，你就必须要承认它是对整个冲动系统、完全不同的情感支出及快感获取方式的转录……在写作中，和男性气质比起来，女性气质能表现出更强烈的持续感。这就像是女性能够持续地待在水面之下，只在非常短暂的间隙里探头换气。因此，这样写作出来的文本毋庸置疑会让读者感觉透不过气来。但在我看来，这与女性的感官是完全一致的。"

西苏一开始是巴黎大学的英语文学教授，写了一本关于詹姆斯·乔伊斯的书，现在她被认为是法国重要的女作家之一。毫无疑问，她认为自己是个女性主义者。但我不得不说，她的说法在我看来完全讲不通。拿西苏和波德莱尔相比较很有意思，但我认为，这些意象表达了什么全在于你怎么解释。

---

[1] 埃莱娜·西苏（Hélène Cixous，1937— ），法国当代最有影响力的小说家、戏剧家和文学理论家之一，代表作有《美杜莎的笑声》。

毕竟，波德莱尔说过女性是自然的，因此是令人厌恶的，他有着 19 世纪非常典型的厌女症——你在弗洛伊德身上也能看到这种厌女症，比如，认为女性是自然的，男性是文化的，就好像女性是污秽之物，拖你后腿，而精神总想从肉体中逃脱。

有趣的是，这两位法国作家都基于性别的角度来思考创造性的表达——一个从厌女的角度来谈游泳和写作，另一个则从女性主义的角度。

法国文化中的厌女到了令人难以置信的程度，这让人无法想象。我的意思是说，"女性气质"这个词——不是"女人气"——本身就成了一个贬义词。不管是作品、活动还是人——如果那个人是个女性，而且是非常狭隘的性别意义上的女性——说其具有"女性气质"，便总是出于贬义。男性气质意味着强大，女性气质意味着软弱。

但我认识的大多数法国女性都是非常强大的人。

是吧，这还是个出过圣女贞德这样人物的国家！有一回我在印度，我问英迪拉·甘地[1]——我其实非常清楚她会给出怎样的答案——她是否认为印度的国家元首是一位女性意味着印度人现在对女性的看法有所转变，或许人们会认为女性更有能力了。她说："我当上总理并不意味着什么，这只是意味着我是个例外。"因此，仅仅因为法国曾经诞生过一位女将军，并不意味着其他人都应该是圣女贞德——贞德能领军打仗只是偶尔会发生的小概率事件。

但是，让我们回到你提到的埃莱娜·西苏所说的话。我非常不喜欢用与性相关的术语给这些东西贴上标签，那样的话，事实上，你就不得不说乔伊斯是位女性气质的作家，或者说他出于一种女性气质的性驱动在创作。我当然认为男性气质与女性气质之间是有一些区别的，但这些区别并不大——显

---

[1] 英迪拉·甘地（Indira Gandhi, 1917—1984），印度第一位女总理，也是印度独立后首任总理贾瓦哈拉尔·尼赫鲁的女儿，是印度近代最为著名及富有争议性的政治人物之一。

然，我们文化中的一切都在合谋放大它们之间的区别。可能有一些根本性的区别，这些区别只是不同的生理和不同的性器官造成的。但我并不认为存在男性气质的写作或女性气质的写作。西苏说这两种写作必然存在，否则的话，写作就只是生产一个物品了。在这种情况下，在这种语境下——如果一定要说的话——我会说写作就是制造物品。我觉得柏拉图和亚里士多德把诗人比作木匠的古老类比没什么问题。

如果女性被灌输了她们应该出于感受而写作的观念，并认为智力是男性气质的，认为思考是一种残酷、有侵略性的东西，那么她们当然会写出不同类型的诗歌、散文或别的东西。但我不认为有什么理由女性不能写男性写的任何东西，反之亦然。

在某种程度上，这听起来仿佛西苏所描述的是一种意识流。而对我来说，这可以非常好地用来描述克洛德·西蒙的小说……

……或菲利普·索莱尔斯 [1] 及任意一位作家的作品。

但在非常有限的层面上，这也可以用来很好地描述你自己的一些写作，因为它假定了物质和观念高强度的发展，并且维持了相当长的一段时间——我觉得《论摄影》就是一个很好的例子。

但我认为，还有很多其他的不错的例证。对于一群女性主义作家和讨论这些问题的人来说，像汉娜·阿伦特这样的人会被看作一个等同于男性的知识分子。她只是碰巧是个女人，但她玩的是男人的游戏，一个从柏拉图和亚里士多德开始，由马基雅维利 [2]、托马斯·霍布斯 [3]、约翰·斯图尔特·密

[1] 菲利普·索莱尔斯（Philippe Sollers，1936—2023），法国当代著名小说家、评论家、思想家，原样派的代表人物。

[2] 马基雅维利（Niccolò di Bernardo dei Machiavelli，1469—1527），意大利政治学家、哲学家、历史学家，《君主论》的作者，被称为"近代政治学之父"。

[3] 托马斯·霍布斯（Thomas Hobbes，1588—1679），英国政治哲学家，现代自由主义政治哲学体系的奠基者。

尔[1]接力下来的游戏。阿伦特是第一位女性政治哲学家，但她的游戏——其规则、话语、参照——传承自柏拉图的《理想国》所建立起来的传统。她从未问过自己："鉴于我是个女人，我是否应该以不同的方式来理解这些问题？"她的确未曾问过，我也觉得她不应该问。如果我要下象棋，我不觉得就因为我是个女人，我就得跟别人下得不一样。

显然，那是一种更由规则所主导和决定的游戏。但是，即使我是一个诗人、散文作家或画家，在我看来，我的选择与我所归属的各种不同传统有关，或者与我的经历有关，其中一些经历或许与我是个女人这一事实有关，但绝非决定性的。我认为，被要求去屈从于刻板印象，这是非常压迫性的，一如要求一个黑人作家去表达黑人意识或只写与黑人相关的内容，或是只表现一种黑人文化的感受力。我知道一些黑人作家想被"少数化"，但我可不想再被"少数化"了。

---

[1] 约翰·斯图尔特·密尔（John Stuart Mill, 1806—1873），英国自由主义哲学家、政治经济学家、国会议员。其著作《论自由》是古典自由主义集大成之作。

不过，你之前说过，患病的人之间有一种默契。老人之间也是。你的确谈到了男－女二元对立是一种禁锢，那么，一个觉得自己一直被禁锢着的女人，为何不可以与某种女性主义结盟呢？

当然可以，我不反对她们这样做，但我很遗憾地看到，写作开始通过性别被区分对待。我就遇到过这样的情况。比方说，我的一部电影受邀参加一个女性电影节。我呢，并不拒绝把片子送去参展——相反，我的电影能放映，我向来都感到很高兴，但是我的电影会被纳入电影节片单，只是因为我正好是个女人。就我作为电影制作者所从事的工作而言，我不觉得这和我是个女人有什么关系——这必然与我有关，而我的属性之一就是我是个女人。

一个女性主义者对此的回应或许是，你表现得就好像革命已经胜利了一样。

我不认为革命已经胜利了，但我认为女性参与到传统的组织与企业当中同样有帮助，以此证明自己能够胜任，能够从事飞行员、银行高管和将军的工作，以及很多我不想从事，也没觉得特别伟大的工作。但女性能够在这些职业领域提出自己的主张，是非常好的。试图建立一种区隔的文化是一种放弃寻求权力的做法，而我认为女性必须寻求权力。正如我以前所说过的，我不认为妇女的解放只是一个拥有平等权利（right）的问题。这是一个拥有平等权力（power）的问题。此外，除非她们已经参与到了现有的结构当中，否则要如何去拥有平等的权力呢？

　　我对女性有一种强烈的忠诚，但这并不会限制我只给女性主义杂志撰稿，因为我对西方文化也有一种强烈的忠诚。尽管性别歧视已然深深地危及和侵蚀了西方文化，但这仍然是我们所拥有的文化，我觉得，即便我们是女性，我们也必须和这个已然被危及的文化共存，必须对它进行必要的修正和改变。

　　我认为，女性应该为那些有卓越成就的女性感到骄傲，表示认同，而非批评她们未能表现出女性的感受力或一种女性气质的情欲。我的观点是取消对一切的区分隔离。我这样的女性主义者就是一个反隔离主义者。我不认为这是因为革命已经胜利。我认为，如果女性群体在做事，这是很好的；但我不认为目标是创造或维护女性价值。我认为目标是平起平坐。我不会去建立或去推翻一种女性文化、女性感受力或女性情欲的准则。我认为，如果男性更具女性气质，女性更具男性气质，这是很好的事情。对我来说，这样的世界更具吸引力。

正如在奇想乐队（The Kinks）的歌曲《罗拉》（"Lola"）中雷·戴维斯所唱的那样："女孩会成为男孩，男孩会成为女孩 / 这是一个混杂、迷乱、喧闹的世界。"

我认识的每一位聪明、独立、活跃、热情的女人，在孩童时期无不希望自己是个男孩。你希望自己生而为男，这样你就可以爬树，长大之后就可以成为一名水手……或是类似的幻想。在你很小很小的时候，身为一个女孩，总有人跟你说不能做这个，不能做那个，你希望自己是那个似乎拥有更多自由的性别群体中的一员。

而大多数男孩都不想成为女孩，因为他们从大概十六个月大的时候就认为做男孩要更好。孩子们喜欢打闹，人们也鼓励男孩子们做各种活动——弄脏身上的衣服，调皮地玩耍，而女孩不被允许做所有这样的事。当你长大一些之后，你认识到这一切都基于一种非此即彼的思维。这种思维现在有了一些时髦的名字，比如"雌雄同体"或"双性性格"。但我觉得没必要取这么一些名字，因为这就使得它成了某一群好辩者的专有物。

但是，世界上那些觉得自己生在了错误的身体里的人呢？

那就再谈谈科学吧。我认为最伟大的事情之一就是，人类有史以来第一次有了改变自己性别的可能性。

简·莫里斯[1] 是一个著名的案例，很有意思，因为简是我们知道的第一个改变性别的人，而且在改变性别之前就非常善于表达。因此，我们实际上可以对比简在性别改变前后的写作。事实上，这位心智聪慧、精通文墨的人还就变性意味着什么进行了阐述。

毫无疑问，未来还会有其他的阐述，但很多人就简·莫里斯变性一事的评论是：她确实认同一种非常传统的女性气质观；当詹姆斯·莫里斯想着自己要如何成为简·莫里斯时，他心里想的是他想穿成这样，他想这样为人处事，他会有这样的感觉，他会这样做事——做事的方式在我看来都是传统文化的刻板印象。

在这期《邂逅》杂志中，有一篇简·莫里斯的文章，讲述了她近期的威尼斯之行。[2] 二十五年前，

---

[1]　简·莫里斯（Jan Morris，1926—2020），英国著名记者、旅行作家和历史学家。原名为詹姆斯·莫里斯，生理性别为男。她在 1972 年完成了变性手术，1974 年出版自传作品《她他》（*Conundrum*），回顾了变性的内心历程。

[2]　文章名为《重新发现威尼斯》（"New Eyes in Venice"），刊载于《邂逅》（*Encounter*），1978 年 6 月刊。

关于威尼斯，詹姆斯·莫里斯写过一本精彩绝伦的书；现在，二十五年后，简·莫里斯带着她两个最小的孩子重访威尼斯，而她曾经是这两个孩子的父亲。对比这篇文章和这本书很有意思。两周前，我刚去过威尼斯。我每次去威尼斯的时候——而且我经常去——都会带着一个小小的威尼斯专属旅行箱，里面装着我想在那里读的三四本书，其中总是有詹姆斯·莫里斯写威尼斯的书。于是我又读了一遍——所以，我对这本书记忆犹新。在回到巴黎，买了这期《邂逅》后，我读到了简·莫里斯关于威尼斯的描述。但这很明显是一个女人写的。我无法相信变性会造成视角的变化——这是一个人通过性别的改变从而接受了文化上的改变。

你说简·莫里斯写那篇文章时像个女人，是什么意思？

因为她一直在写她的孩子。文章关于她如何带着她最小的两个孩子去的威尼斯……你会想，好吧，这只是开篇。但是，整篇文章都是这些内容：我的儿子这么觉得，我的女儿那么觉得，看他们这么喜欢威尼斯，我特别开心，能透过他们的视角来看威尼斯，我太兴奋了。

所以，你这么说并不是指涉埃莱娜·西苏关于在水下的隐喻。

对，我的意思是说，她写这篇文章的时候像个母亲。

区别在哪里？

这么说吧，母亲是一个非常刻板印象化的女性角色。我知道我自己也会那样——我是个母亲，我有一个成年的儿子，我仍然会觉得，嗯，你知道的，他的感受是如此美好，我很感兴趣他在做的事情。我说起他的次数可能要比任何一个有二十五岁孩子的父亲都多，我会以他为荣。很多时候，如果他在一个场合是大家的焦点，我只是陪护在旁，我会觉得更舒服，因为我为他能成就为这个模样而感到自豪。这些都是典型的母亲－女人的态度。

但现在也有男性母亲。

当然，但问题是：是谁说的你应该成为那样的母亲？我不相信这是生理使然，我认为这是文化使然。我只是觉得这个现象特别有趣，因为莫里斯第一个证实了我的想象会成为一种真实的可能。

我个人认为，詹姆斯·莫里斯和简·莫里斯描写城市的方式都非常别具一格。简·莫里斯近期发表在《滚石》杂志上的关于洛杉矶和华盛顿特区的文章不仅文辞优美，还妙趣横生，别有见地。我读她写这些地方的时候没有特别觉得像个女人。

不不不。我并不是要对简·莫里斯的写作从整体上做出任何评价。我想说的是，简·莫里斯是一个例子：五十出头的年纪，是个旅行作家，带着两个孩子去旅行。而且，没有人会像简·莫里斯那样写作。詹姆斯·莫里斯会带着孩子们一起去旅行，但不会那样去写作。而且，我认为这是在遵循刻板印象。我并不是说，我对近期的这篇文章有成见，而是这篇文章似乎受困于你的性别，或者在这个特殊的例子中，受困于你所选择的性别——因为这种选择首次通过医学成为可能——你给自己指派了一些特质，就比如说，因为我是一个女人而非男人，所以我有这种感官性，我与年轻人有这种情感联系，我更具保护性，也许在某种程度上更低调。但就像你说的，男性当然也会有这种感觉。

在《旧怨重诉》一文中，你有意地自始至终没有定义作为主人公的叙述者的性别。在近期的一次采访中，艾萨克·巴什维斯·辛格[1]断言："如果你打算写一部世界性的小说，只关乎一个人类，就永远都不会成功。因为不存在'一个人类'这回事。"然而，你的这个故事似乎推翻了辛格的说法。

具体到《旧怨重诉》，这个说法并不是很重要，

---

[1] 艾萨克·巴什维斯·辛格（Isaac Bashevis Singer，1904—1991），犹太裔美国作家，20世纪短篇小说大师。1978年获得诺贝尔文学奖。

因为其真正的独创性在于对多重指代的运用。我的故事《宝贝》（"Baby"）探讨的也是同样的观点，即第一人称复数的叙述者是存在的，而且哪些叙述是母亲在与心理医生交谈，哪些是父亲在与心理医生交谈，并不重要，因为他们是作为一体来叙述的。他们是连体父母。

当然，我真正希望的是——不过我们无法摆脱语法规则的条条框框——能够将孩子称作"它"而非"他"。但你不能这么做，因为语法惯例不允许你这样做。除非"宝贝"还是个婴儿，我才能那么称呼。在婴儿刚出生的头几个月里，其性别在语言学上是非常不确定的。我记得在大卫刚出生时，我和我的丈夫常说："宝宝，宝宝怎么样了？"因为那时候它还不是"大卫"。我不确定是在第三、第四，或是第六个月的时候，或者可能是婴儿他/她自己开始讲话的时候，叫名字才变得顺理成章了。但是，鉴于我决定在我的故事中，孩子可以是任何年龄——婴儿期、青春期、成年早期——我就不能称之为"它"。因为这读起来太奇怪了，我必须做出选择。所以，我用了"他"，但我不喜欢这样的称呼。

我的意思是，为什么它就应该是个"他"呢？

《宝贝》是我比较偏自传性的故事之一，它选取了一些我自己和我儿子的童年往事，其他部分都是虚构的。所以，我既是受迫害的孩子，也是怪兽般的家长。我自认为是个好家长，但我知道父母也是怪兽，而且孩子们的感受就是这样。父母是如此之大：当你还是个小孩的时候，父母就是巨人！所以，我必须以一种非简化的方式来面对所有这些复杂的感受——孩子身为受害者的感受，这每个孩子都能理解；以及身为父母的感受。然后，我就让这些感受在笔尖流淌。

　　在你写作的时候，你觉得自己是个女人、男人，还是脱离了肉身？

　　我发现写作非常去性别化，这是它的一个局限性。我写作时不吃东西，或者饮食很不规律，随便吃点，或者干脆不吃，而且尽可能地少睡觉。我的后背疼，手指疼，头疼。写作甚至降低性欲。我发现，如果一个人对我产生了性吸引力，然后我开始一项写作工程，我就会过上很长一段时间的节制或禁欲生活，因为我希望将自己全部的能量都投入到写作当中去。而我就是这样的写作者。我极度散漫，只会在一段非常漫长、紧张、沉迷的时期内投身写作。

你以前曾经说过，糟糕的言语是支离破碎的言语，是与身体分离的言语，因而也是与感受分离的言语。我想，你应该会同意这个说法也适用于写作。你也曾说过感官化的言语是感知的表达工具。这如何体现在你刚才提到的写作习惯当中？

嗯，这与我的写作习惯确实有非常直接的联系，因为这是我在自己的写作中一直试图改变的事情之一。我想学习如何以一种对自身伤害较少的方式来写作，我正在开始尝试。首先，虽然我的身体已有所好转，根据医生的说法，我现在的状况较为乐观，但我仍然感到虚弱，仍然有充分的理由担心我的身体状况会恶化，这是我以前不曾有过的，因为我之前从来没病过，我觉得我的身体可以承受无限的伤害，并且还总能恢复过来。因此，出于健康方面的考虑，我不想再像以前那样写作了，因为我担心自己会变得脆弱，或是免疫力会下降。但我也觉得，改变我的写作方式或许对写作来说也是一件非常好的事情。就像你说的那样。

身体就像是库存，始终在那里，储存着所有这些感受力——你不需要通过做爱来想象性或是产生性幻想，它就在你的脑子里，身体也在脑子里。但我现在试图去想象，如果以一种非常舒适的状态来写作和感受，会是怎样。假设你赤身裸体，裹在天鹅绒里！你会写出不同的东西吗？我想你会的。

你是坐在椅子上伏案写作吗？

我经常伸直双腿躺在床上写初稿。然后，一旦有东西需要打出来，我就去桌子旁，坐在一把木椅子上，之后就一直坐在打字机前了。你怎么写作？

坐在桌旁，椅子相当硬，周围特别多东西。

你难道不觉得如果赤身裸体裹在天鹅绒里，会写出不同的东西吗？（笑）有很多传言说歌德，还是席勒，写作的时候会把脚泡在热水里。瓦格纳只有穿着丝绸长袍，在香气缭绕的房间里才能谱出乐曲来。

海顿大概在谱曲的时候要戴着仪式性的假发。

我还记得听人说过，他写作的时候要穿上最好的衣服。我一直都是穿蓝色牛仔裤，旧毛衣和运动鞋。

弗拉基米尔·纳博科夫是站在讲台上，在小张的索引卡片上写书。

我无法想象站着写作。但那样的话，我觉得身体会发生改变。

你觉得如果身体变了的话，风格会变吗？

我觉得会。因为我在自己的写作中意识到了一件事情，那就是我时常拒斥意象。这也是因为我认为一个东西是其所是，而不是别的什么东西。我有时候的确会使用意象，但我有一些抵触。我倾向于白描的写作方式。

我列了四个形容词。我觉得这四个形容词或许可以用来定义你的写作风格：简洁、审慎、冷静、朴实。

在这四个词里，我肯定会和朴实更有共鸣。而且我想我始终都认为朴实是好的。在我看来，很多写作中容易变得陈腐的恰恰是它的修饰，不加修饰的风格才是永恒的。但是，最吸引我的两位美国作家分别是伊丽莎白·哈德威克[1]和威廉·加斯[2]，他们与我截然相反，他们彼此也很不同。他们一直以

[1] 伊丽莎白·哈德威克（Elizabeth Hardwick，1916—2007），美国文学评论家、小说家和短篇小说家，《纽约书评》的创始人之一。
[2] 威廉·H. 加斯（William H. Gass，1924—2017），美国后现代作家、语言哲学教授、文学评论家。

来都使用意象，让意象生出东西，又让这些东西重新浸入意象。

有人说："路是直的。"这没问题。然后又说："路直如弦。"对我来说，这两种说法之间存在着惊人的差别。我内心深处觉得，"路是直的"是我们需要的全部，你应该说的就是这些，其他的都是混淆视听。但是现在，"路直如弦"这样的写作开始给我带来更多的愉悦。然而即便如此，"这是一条路"和"这是一根弦"这两种说法——说真的，它们之间是什么关系呢？这仍然令我感到困惑。

回到我们之前的讨论，你说你可能感兴趣的是以一种与从前不同的方式来写作。

是的，我想以不同的方式来写作。我想找到一种与现在所拥有的自由全然不同的自由。作为一名作家，我的确拥有某些自由，但也缺乏一些自由，我只能通过实践去寻求。卡夫卡说，写作时越孤独越好。他说的没错。

你不认为一个人的写作风格在某种程度上是由神经系统决定的吗？而不仅仅是写作时穿什么衣服的问题。

我认为有的东西要比神经系统更强大。不过，我的神经系统肯定跟二十年前不一样了。我成年后使用过适量的药物，比如叶子——非常适度的量——但这多少改变了我的神经系统。比如说，它能帮助我放松。这种说法听起来很蠢，但这是事实。在此之前，我从没有像现在这样真正放松过。我不一定非得借助药物来得到那样的放松，我只是借此来抵达那个能放松的自己。它带给我的是一种有益的消极状态，因为我太紧绷了。而且我所说的消极是褒义的、治疗意义上的，因为我总是不想让自己闲下来。

我小时候特别不安分，而且我讨厌当小孩，所以就让自己忙个不停。八九岁之前，我笔不停歇地写作——我受不了安安静静地待着。在我二十出头开始使用很少量叶子的时候，只是简单地深吸一口，我就了解了时不时休眠一下是什么感觉。这给我的神经系统上了一课。能够放松让我的日子好过了些。我不再那么紧绷，不再颇费周折，我做事更顺手了——尽管通过学习打台球，我或许同样能习得这些（笑）。但使用叶子并没有改变我的风格。所以我才会说，我认为写作源于更为强大的东西。

我想说的是，一个人出于很多原因写作。你出于自己所欣赏的作品而写作。但这种影响力是会耗尽的，也的确如此。十六岁的时候，我爱杰拉德·曼利·霍普金斯[1]和朱娜·巴恩斯[2]及其他一些作家。现在，这些人的书我一本都读不下去。但我无法否认，他们都有各自的过人之处。只是我已经从他们身上学到了我能够学到的一切，他们的著作已经刻在了我的脑海当中，我深切地理解了他们。我已经完全吸收了他们的著作，所以重读又有什么意义呢？相反，我想做的是摆脱他们带给我的全部影响。

---

[1] 杰拉德·曼利·霍普金斯（Gerard Manley Hopkins，1844—1889），英国诗人。他在写作技巧上的开创性变革影响了很多20世纪的诗人，包括 W. H. 奥登和狄兰·托马斯。

[2] 朱娜·巴恩斯（Djuna Barnes，1892—1982），美国作家、艺术家，因其小说《夜林》（*Nightwood*）而闻名，这部小说是女同性恋文学的经典，也是现代主义文学的重要作品。

我认为，在年轻的时候强烈地吸收一些东西，是再自然不过的事情，因为这是内在于你的一部分——因为你一无所知，所以在那个阶段的接受能力就更强，你迫切地想要拥有一个榜样。但我认为这并非像哈罗德·布鲁姆所描述的弗洛伊德那一套，就好像你有一股谋杀的冲动，要消除榜样带给自己的影响。我认为你可以彻底地利用那些影响，直到这些影响对你来说已经没有任何用处了，直到你有一股自然的冲动想要去背离这些影响，并进行其他的尝试。但是，如果现在让我如痴如醉的是伊丽莎白·哈德威克和威廉·加斯的作品，这恰恰是因为我在二十年前并无这种感受。二十年前，我对卡夫卡的作品如痴如醉，但我觉得我从卡夫卡那里已经学到了我能学到的一切。转向一些与早年相异的口味让我感到兴奋——这并非对以前的作品有不敬之意——而是因为我需要新鲜的血液、新的养分和新的灵感。而且也因为我喜欢做不同的自己，去尝试学习我不会的或我不知道的。我很好奇。

我记得我在高中的时候读过简·奥斯丁和司汤

达的书，但我毫无感觉。多年之后再读，我却深为折服。

你说的没错。我也是在十几岁的时候读了《傲慢与偏见》和《红与黑》。我也想，这有什么了不起的？然后，我在三十出头的时候又读了这两本书，觉得真是杰作。我非常同意有的小说需要你有更多的经验，才能够去欣赏。然而两年前，我重读了《卡拉马佐夫兄弟》，读完还是和我十几岁时的感觉一样，深感震撼，甚至比那时更觉得震撼。我的意思是说，这是最震撼人心、富有激情、启人深思、崇高伟大的作品……读完之后的好几个星期里，我感觉自己都是飘着的。我想，这真是难以置信，现在我知道自己为什么应该活着了！我这么多年里都没有再去读这部著作，但我的感觉和十七岁读的时候一模一样。我觉得《卡拉马佐夫兄弟》是一本任何年龄段都可以阅读的书，而且读的时候总觉得有所收获。但是，比如像《红与黑》或《金钵记》[1] 则

---

[1] 《金钵记》(*The Golden Bowl*)，亨利·詹姆斯所著的最后一本长篇小说，是他创作成熟阶段的重要著作。

要等成年之后再去阅读。

我上大学的时候读了《金钵记》，并深为着迷。但或许就像你说的那样，我已经足够多地吸收了这本书的内容，因为我不是很确定我现在是否还能集中精力去重读这部小说了。

你读过亨利·詹姆斯的《卡萨马西马公主》(*The Princess Casamassima*) 吗？这本书很好，你应该读一读——是一本真正关于 1960 年代的书！但问题在于，当你加入这个世界，而这个世界关心的是这些东西，那你就像是要一直给自己做新的菜式一样，要学习不同的烹饪方法，然后你就可以随心所欲地大快朵颐了。但是，我的确觉得，你可以把对一样东西的热情耗尽，但你也总能再重拾对它的情感，所以，我们永远都不应该对什么盖棺论定……尽管如我所说，我认为有一些东西的确是属于童年的，是你永远无法追回的。

有没有一本特别的书，是你在年轻的时候读

过，让你萌生了想要成为一名作家的想法？

让我萌生这个想法的书是杰克·伦敦的《马丁·伊登》（*Martin Eden*）——这本书以主人公的自杀为结局！我读这本书的时候十三岁。但现在重读这本书，我不会再感受到同样的震撼了——杰克·伦敦的写作并不足以令现在的成年人感到满足了。

抛开职业兴趣不谈，第一本真正让你感到震撼的书是什么？

是居里夫人的女儿伊芙为她写的传记，这本书在 1940 年代初期非常著名。我应该是七岁的时候读的这本书，或许更早，六岁的时候。

你六岁的时候就在看书了？

是的，我三岁就开始看书了。打动我的第一部小说是《悲惨世界》——我号啕大哭，抽泣不已。如果你是个爱读书的小孩，家里有什么书，你就都会拿来读。在我十三岁的时候，我读的多半都是欧洲作家的著作——托马斯·曼、乔伊斯、艾略特、卡夫卡和纪德的书。我直到很久之后才开始接触美国文学。我通过"现代图书馆"（Modern Library）系列知道了很多作家。这套丛书在贺曼（Hallmark）贺卡商店有售，我曾经把零花钱都存着，想把全套买下来。我甚至还买了真正不值一读的书，像亚当·斯密的《国富论》（笑）。我原以为"现代图书馆"中收录的所有书肯定都不错。

但当你上了高中，必读书目都是些比你刚才提到的这些更浅显易读的书。我上高中的时候，必读书目是乔治·艾略特的《织工马南》（*Silas Marner*）。

我也是。我是 1940 年代末上的高中，1950 年代初读的大学。我比你大十岁，但我确信我们的高中课程差不多是一样的。

你 1960 年代初在哥伦比亚学院（Columbia

College，即哥伦比亚大学）教书，我当时在那里读本科。

在哥伦比亚大学教书的那些年很美好，我对当时的一切非常怀念。我教的是人文学和当代文明的课程，所以我每年必须读书，就比如《伊利亚特》。很多人问我，我的引用都是从哪里找到的。其实很多我都是烂熟于心，因为我教那些书教了十来年。

在写《疾病的隐喻》这本书时，我不需要经常去查阅文献，因为我记得《伊利亚特》第二卷中对瘟疫的描写，修昔底德对雅典瘟疫的描写，以及薄伽丘笔下的佛罗伦萨瘟疫。而且，我开始认识到，在浪漫主义时期之前，人们看待疾病的方式多么不浪漫。在那些早期的书中，疾病并非被作为一种心理状态或末日命运来谈论，而是说它如何能够被控制、管理和理性对待。当我真的开始查阅文献时，我发现，在 18 世纪中期之前，似乎并不存在对疾病隐喻的现代运用，即认为疾病可能是人类境况最极端形式的意象这一观念。

但是，在其他的观念中，也存在着相同的发

展脉络。就比如，在现代时期之前，我们对性的认识——包括我们赋予性的一切，以及性所承载的所有价值——都是更为事实性的看法。我的意思并非现代以前的人们不关心性，而是他们并不会以"爱情"的说法来把性"浪漫化"。但我要说的一点是，我不认为陷入爱情的说法是普罗旺斯的游吟诗人们所发明的——我认为爱情的观念经历过如日中天的发展，从而才成为一种非常重要的，甚至是约定俗成的意涵。爱情是性的一个版本，但也有很多关于情色、浪漫激情的例证——在古代和东方的文学当中就可以找到。紫式部的《源氏物语》中就有浪漫之爱。我的意思是说，人们那时候就知道迷恋另外一个人是什么滋味。

说到疾病与爱情，我常常想，托马斯·曼的《魔山》和伊塔洛·斯维沃的《泽诺的意识》[1] 或许都可以看作关于疾病与爱情的著作——尽管二者

[1]　《泽诺的意识》(*The Confessions of Zeno*)，是意大利作家伊塔洛·斯维沃 (Italo Svevo，1861—1928) 的代表作，此书开创了意大利心理小说先河。

方式有异：相对于前者的庄重与严肃，后者则是一剂更为随性和讽刺的解药。如今，你也写了疾病，但你还没有写过爱情。

我很想写！但是写爱情是需要勇气的，因为写爱情的时候似乎是在写自己，你会觉得尴尬，就好像人们会知道些你并不想让他们知道的事情，也因为你在某种程度上想要保留隐私。即便我并不真的是在写自己，人们仍然会那样觉得，所以我会感到害羞。但事实上，我已经为一篇关于爱情的文章做了很多年的笔记了。这是我持续多年的兴趣爱好。

你提到了害羞，这很有意思，因为和我 1960 年代初第一次见你时相比，你看起来没那么害羞了。

是的，的确如此。

我最近重读你的《河内之行》一文，其中写道："我期望这里有人会不那么谨慎，谈谈他的私人生活、他的情绪，跟着'感觉'走。"在文章的第二部分，你写到自己开始理解越南，觉得越南以前对你来说似乎是一件无法理解的艺术品，现在变得豁然开朗了。你能够更好地理解这件艺术品了。

我之所以到了文章的第二部分才开始写我在越南做了些什么，是因为我觉得，承认越南人与我们不同，这是非常重要的。我不喜欢自由主义的人类大家庭观念，认为人与人其实都一样。我认为，文化差异是真实存在的，而且，对这些差异保持敏感是非常重要的。因此，我不再为他们而斗争，去做一些事情，或给予一些东西——尽管这些在我看来是慷慨的举动，但他们表达慷慨的方式是与我不同的。他们有自己的言行传统，而且他们表达亲切的方式也与我们不同。这就像是学习去尊重这个世界。世界是复杂的，不可能完全改变成你觉得它应该是的样子。

你在这篇文章中还提到，你近期刚刚去过古巴，古巴人和我们更为相像——热情、亲切、健谈——越南人则更为拘谨、慎重和克制。在我看来，这读起来就像是你在描述马塞尔·帕尼奥尔[1]或让·雷诺阿[2]与罗伯特·布列松电影之间的区别。如果把这两个社会比作电影的话，你可能两个都能立刻接受。

　　的确如此，你说的是对我而言非常重要的东西。当然，相较于我对什么是艺术的理解，生活中的我显得更为偏狭，我对艺术的理解要更普世，更尊重差异。而且，我的风格也确实要单调得多。我的确很喜欢亲切——要用一种行为规则来说的话，就是一种犹太式的亲切。我喜欢健谈的人，讨论自己的人，热情和通过身体动作表露情感的人。但我不必生活在布列松或帕尼奥尔的电影里，我必须活在自己的生活里，克服自身的局限。

　　因此，可以说我的品位更狭隘、更本土或更地域。这似乎并没什么问题。我的意思是说，我不想

---

[1] 马塞尔·帕尼奥尔（Marcel Pagnol，1895—1974），法国当代著名小说家、剧作家、导演，法兰西学院院士。

[2] 让·雷诺阿（Jean Renoir，1894—1979），法国著名电影导演，法国电影自然主义的代表人物。

显得冷漠，觉得人们怎样都无所谓，因为我事实上能够欣赏各种各样的人。但是，我的朋友们大多数都乐于表露情感，因为我喜欢这样的人。我自己有点拘谨，所以我特别喜欢和不像我这般拘谨的人在一起，这让我感觉很舒服。这也是因为，这是我唯一的人生。但当我思考电影或者想其他事情时，我在思考的是这个世界，那我就完全可以接受这样的想法：有的人这样，有的人那样，世界本该如此。

当你把爱作为一个主题，也作为一种感觉来思考时，你思考的方式是像你欣赏电影那样保持开放，还是像你面对生活那样有所保留、略为偏狭呢？

对我来说，真正的改变是那篇关于越南的文章，因为那是我第一次完全关于自己的写作——尽管非常小心翼翼——而且在我写的时候，感觉像是在做出巨大的牺牲。我心里想，天哪，我真的痛恨这场战争，我愿意这样做，贡献我的绵薄之力。但我做出的是自主的牺牲。我想，我不想写我自己，我只想写他们。但是，当我意识到写他们最好的方式是将我自己纳入其中时，这就像是一种牺牲。这改变了我。我认识到，作为一个作家，我可以拥有某种自由，那是我甚至从未想过我想要获得的自由。因此，我开始在一些自传性的故事当中小心翼翼地探索这种自由。

你的确说过："让你体验到新感觉的事件永远是一个人最珍贵的经历。"你还说过："要平静地去爱，毫不含糊地去信任，毫无自嘲地去希望，勇敢地行动，以无穷的力量之源去承担艰巨的任务，是不简单的。"我读到这些句子的时候，和在查理·卓别林的电影《大独裁者》的结尾处看到他发表那番伟大的人文主义演讲时一样，深为感动。

这也是我对自己的期待，但这很难。问题在于，意识是如此不可思议之物，因为一旦你确实对一切有了意识，你就会立即意识到还有更多。而一旦你为自己设立了一个理想，你就会看到这个理想的局限所在。

我刚才所引用的你所说的话，听起来就像是出自普鲁塔克[1]或孔子之口——在他们看来，英勇的情操和行动是理想的处世之道。

我非常喜欢高尚行为这种说法。如今，像"高尚"这样的词语在我们听来非常陌生，至少听起来很势利。

在《河内之行》一文中，你写到了诺曼·莫里森（Norman Morrison）的自焚事件[2]。你在文章中指出，越南人并非是从"实际效果"的层面来理解这一事件，而是从"他此举的道德高度，他此举作为一种自我超越行为的完整性"之角度来看待此事。奇怪的是，这正是你在关于"沉默的美学"

---

[1] 普鲁塔克（Plutarchus，约公元 46 — 125），生活于罗马时代的希腊作家，曾被哈德良任为资深长官。以《希腊罗马名人传》一书留名后世。莎士比亚不少剧作都取材于他的记载。

[2] 为抗议美国加入越南战争，这位三十一岁的巴尔的摩贵格会教徒于 1965 年在国防部长罗伯特·S. 麦克纳马拉（Robert S. McNamara）办公室所在的五角大楼自焚。

的文章中所讨论的。而我觉得在你关于越南的文章中，艺术和生活在某种程度上融合在了一起。

是的，我觉得是这样的。在我关于疾病的书中，它们也以某种方式交织在了一起，因为这本书是一个充满激情的经历的产物。我最希望的是艺术和生活能够在我的小说中融合在一起，当我通读校对收录于《我，及其他》一书中的故事时，我惊讶于这样一个事实：在我作为一个读者而非作者看来，这些故事似乎有一个共同的主题，那就是寻求自我超越，努力成为一个不同的、更好的、更高尚的、更有道德感的人。在这个意义上，一个人所追求和崇尚的一切因此都具有道德的特性，因为它具有一种艺术上的、迫切的、目标的、理想的特质。

我稍后想和你谈谈你写的故事。但现在我想重新回到压抑与开放的问题……

这很复杂，因为我的确——而且我不知道这种想法是好还是不好——我脑子里的确有关于孩子和成人这两种状态的想法。我在脑中翻来覆去地想，有的时候我觉得，这两种状态没什么区别，完全是一种人为的区分。只是因为我们的年龄增长了，皮肤变粗糙了，那又怎样呢？谁在乎呢？你多大年纪有什么关系呢？我们不该先入为主地认为，一些事情是小孩子应该做的，一些事情是成年人应该做的。我对童年抱有幻想——并非我个人所度过的童年，而是儿童开放、天真、脆弱以及对事物的敏感所象征的价值——我认为，作为成年人的我们不再保有这些品质，这是多么糟糕的事情啊。

所以，我会有所有这些想法，以及完全矛盾的想法，我一直在与之斗争。事实上，就在今天早上，当我在医院候诊的时候，一个朋友陪我一起，我们的对话不知为何就恰好转到了这个话题上。我说："好吧，我是个成年人。我应该这样做。"在那个情境下，我对成人行为的认知是，我应该独立，我应该自主，我不应该感到害怕。因此，在那个情境下，成年象征的是非常积极的价值——并非浪漫意义上的想象力丧失，或枯竭与僵滞。不，成年意味着自由、自主、勇气、胆识、警醒、自足。我想摆脱自己内在的孩子气的一面。

我想说的是，我认为我们关于爱的观念与我们对这两种状态的矛盾心理紧密相连——对童年以及成年的正面和负面评价。我认为，对很多人来说，爱意味着童年所象征的价值的回归，而枯燥、机械化，以及成人的各种工作、规则、责任及冷漠所带来的重压似乎已经将这些价值消磨殆尽。我的意思是，爱是感官享受，是玩乐，是不负责任，是享乐主义，是犯傻，我们所认为的爱是依赖，是软弱，是沦为某种情感的奴隶，是将所爱之人在某种程度上当成父母兄弟来对待。我们重塑了处于童年时期的一部分自己，那时我们不自由，完全依赖父母，特别是母亲。

我们向爱索取一切。我们要求它是无所顾忌的。我们要求它是维系家庭的黏合剂，让社会变得井然有序，让各种物质过程代代传承。但我认为，爱与性之间的联系非常神秘。部分爱的现代意识形态认为爱与性总是如影随形。它们可以如此，我想，但我更觉得它们会彼此侵蚀。而且，对于人类来说，最大的问题或许就在于它们并非如影随形。那人们为什么想要去爱呢？这很有趣。部分原因在于，人们想要去爱，就像想要再坐一次过山车一样——即便知道这会使自己心碎。爱令我着迷的地方在于，它与所有文化期待之间的关系以及人们赋予它的价值。让我大感惊奇的是，有人这样说："我陷入了爱情，那时我爱得如痴如狂，我曾经拥有过一段爱情。"然后讲述了一堆，你问："你们在一起多久了？"这人会说："一星期，我只是受不了他／她了。"

我的爱情都是至少好几年。在我的人生中，我只进入过几次爱情。但每当我进入爱情，它都是不断地持续着的，直到（通常）以非常糟糕的方式收场。但我不知道为期一周的爱情意味着什么。当我说我爱上了一个人，这意味着我整个生活实际上都已经和这个人密不可分：我们住在一起，我们是恋人，我们一起旅行，我们一起做一些事情。我从没有和一个我没上过床的人进入爱情，但我知道有很多人会说自己爱上了一个还没上过床的人。对我来说，他们这话的意思是："我被一个人吸引，我如入幻梦，不过一周，这场幻梦就结束了。"但我知道我是错的，因为这可能只是我自己的想象力有限。

那柏拉图式的爱情呢？

当然，我也深深地爱上过一些我无论如何都不会和他们上床的人，但我觉得这是另外一回事。这是友谊之爱，可以是非常热烈的情感，也可以是温柔的，会想要去拥抱或者做些别的。但这绝不意味着你想要跟这个人赤裸相见。

但有的友谊也可以是肉欲的。

噢，我认为友谊是非常肉欲的，但并不一定与性有关。我认为我所有的关系都是肉欲的：我无法想象我喜欢一个人，却不想去触碰或者拥抱这个人。因此，关系在某种程度上都有着肉欲的面向。我不知道，或许我又在谈论我自己的性，但的确没那么多人能吸引我。

你对司汤达的爱情理论怎么看？

我非常喜欢他的《论爱情》一书，因为这是关于这个问题为数不多的专著之一。但我认为他太过关注笔下人物的身份了……你知道的，这是某位伯爵夫人，她一会儿盛装打扮，一会儿在她的起居室里，一会儿又跟丈夫在一起，一会儿又跟大使在一起，等等。你不觉得这些名人会让你感到兴奋吗？对你来说，这不色情吗？

不觉得，因为我更喜欢孩子气的人，任何人都可以表现得孩子气。

你没发现，名人总是迫不及待地要跟你说，他/她实际上是个脆弱的小孩吗？（笑）他们厌倦了人们对他们敬而远之，以至于比谁都急着想告诉你。

你不这样做，但你肯定是让人心生敬畏的。

不，我会那样做，但我们并不是以这种方式认识的。对于我想亲近的人，我会立即努力解释，我就像个孩子一样。我感到我需要这样做，因为我想和他们建立一种人与人之间的关系。我的意思是，我想保持安静。这不是什么宏大的形而上学的想法，但我的确觉得，有些事情只能在人与人之间的静默中发生。而如果你是个名人的话，人们就期待你能一直表演或讲话，或是展示你的个性。我遇到过很多人，在我知道他们是谁之前，他们就已经知道我是谁。所以，如果我有兴趣和一个人成为朋友、爱人、同伴或玩伴，我希望向他们展现一个有血有肉的、安静的我，在我面前他们不用觉得紧张……我觉得这很自然。我喜欢坦诚相待的静默，大家可以看到彼此。而且，我也不想把自己和名声完全割裂开来——我注意到有的人会这么做，特别是那些聪明人，他们会说："哎呀，别去看我写的那些书……那根本不是我。"他们如此迫切地想要去安抚，确保他人不会被自己吓到。但是如此一来，他们实际上否定了他们自身。而且，这样做的话，他们就把工作搁置在了一旁，转而聊起红酒、美食和天气，因为他们觉得工作与此不相干，无法与他人分享。

但我宁愿讨论我感兴趣的东西，也不愿为了赢得他人的喜欢而扮得比实际的我更天真，这种出发点是错的。

作家保罗·古德曼经常说自己喜欢那些对他所关心的问题丝毫不感兴趣的男孩子，吸引他的就是他们的肉体之美。

我希望我能体会这样的感受……但这里就出现了著名的早餐问题。

这是什么问题？

你第二天早晨起来做什么的问题。你们在一起说些什么？我的意思是，摆在你面前的情况是：你和一个人共度良宵之后，你们会一起吃早餐，然后你意识到这个人对你而言只有性吸引力，你们没有任何共同点。你会怎么做呢？

也许在天亮之前就走人！但实际上，我会努

力避免碰上这样的情况。

作为男人，你被告知说这是男人性欲的一部分，纯粹的性关系是完全可以的。但是女人并非如此。如果我发现自己在和一个白痴吃早餐，我会觉得很难堪——尽管我认为我不应该感到难堪。而且我还感到——这也是女性境况的构成——我吃亏了。然后我就想，"咳，男人跟女人上床时就不会这么想"。但我就是不自主地觉得自己在屈就。男人的性就建立在这种屈就上。然而，与其对自己说，"我屈就一下也挺好，这没什么，为什么不呢？"，与其对此感到难堪且不欣赏自己的难堪，我显然更希望生活在一个大家都不这么想的世界上。我认为在文化的层面上，女性在性上对男性施加着一股约束力。没有哪个异性恋男人可以像同性恋男人那样去滥交，因为他仍然要面对女人，女人要求的可不只是随便在什么地方做个两分半钟的爱。

她们甚至可能想共进早餐！

她们甚至可能想共进早餐（笑）。和其他事物一样，性是一种习惯。你会习惯于某种程度上绝对不走心且能轻易得手的只持续两分半钟的性爱。我认为，性冲动具有无限的可塑性。人们似乎总会经历性欲的整体衰退和复苏。所以我觉得，人们不断去追求的并非性，而是权力。想想所有助长性欲的方式，在性中掌握权力的冲动。有时候，性似乎是一种在文化层面被认可的，用来对抗不安全感、无价值感以及吸引力匮乏感的方式。

所以在某种程度上，你认为我们可以将性看作一种隐喻吗？

我不认为性是一种隐喻，但这项活动被赋予了一系列它自身原本并不具备的价值。性能够容纳这些价值，但它已经成了一项由过多因素决定的活动：它过度地承载了其他的价值，伴随着性行为的其他形式的肯定和破坏；你发生性行为的对象是谁，是一个怎样的人；以及当你试图理解人们为什么会逃离性，为什么以自己所希望的方式来寻求性时，如何将性与爱联系在一起。性是这样一种过度的修辞，而且我们被告知，在某种程度上，性是我们生命的核心或唯一一项自然的活动……当然了，这些都是胡说八道。很难想象自然的性行为是怎样的。我觉得没有谁会有自然的性行为。我认为性的意味会在我们生命的不同时期相应地发生改变。

一位家庭治疗师声称，关系要么是对等的，要么是互补的，也就是说，婚姻要么是真心相爱，要么是彼此需要。

但我认为这种类型学是非常荒谬的，因为按照这些标准，世界上对等的关系简直是寥若晨星。而且，这些讨论关系的方式完全忽略了历史。我们所有关于家庭、爱以及关系的观念都是近几百年才发展起来的。你知道，我们有一个非常可怕的隐喻，说一段关系是"有效"的——就好像关系是台机器一样。我们有太多这样的意象和期待了。我的意思是，这些家庭治疗师是否讨论过由文化精心编制出来的男女、老少内在的不平等问题？在这个社会中，一个男人与一个女人之间关系的平等意味着什么？大多数人都甘于完全不平等的关系。你说到了"真心相爱的婚姻"，但在一颗心留守家中的时候，另一颗心却奔赴职场。

那介于这两者之间的女性是怎样的状况？就比如你自己？

我非常幸运，我在很年轻的时候就结婚生子了。我已经有了这样的经验，之后就不用再费事了。但不能拿我当样板。我选择不再结婚，我已经有了一个孩子——所以我并没有打算错失为人母这样非凡的体验——然后我决定过一种独立自由的生活，这非常没有安全感，没有愉悦，要面对很多的焦虑和挫折，并且需要长期的禁欲。我想这就是我想要的……但这并不是一个真正的样板，这只是我个人的解决方式，我只是在为我的人生规划（life project）辩护。

这是一种自主的选择吗？

不是，但我的确希望自己能体验不同的生活。结婚之后就很难去体验各种生活——至少在我的婚姻中是这样的，我与丈夫的关系太紧密了。我们时时刻刻都在一起。你不可能一天二十四小时都只跟一个人相处，年复一年，从不分开，同时又能自由地成长、改变，想去香港的时候说走就走……这是不负责任的。这就是为什么我会说，在人生的某个时刻，人必须要在生活（life）和规划（project）之间做出选择。

我想，对于很多既知道你的名字又喜欢你作品的人来说，你有一种特殊的神秘感。我知道你有非常多的女性崇拜者。

但你所说的神秘感在过去被称为声誉。

我认为就你而言，你既有声誉，又有神秘感。因为在某种程度上，你的神秘感源于这样一个事实，即你并非公众名人，不会在媒体上披露自己在跟谁约会的八卦。

那哪个严肃作家会八卦？

我能说出一长串名字来。

但这些人已经毁掉了作为作家的自己。我认为这样做就是在给自己的作品判死刑。当然了，像海明威或杜鲁门·卡波特这样的作家如果没能成为公众人物，他们就还能写出更好的作品来。在作品和生活之间，存在一种选择。这并不仅仅是你选择在媒体面前以怎样的频率抛头露面，还在于你整体上选择多丰富的社交生活。

就拿我非常欣赏的作家让·科克托为例，他有过这样一个故事。在他差不多二十岁的时候，他去见普鲁斯特。普鲁斯特当时已经住进了铺着软木的房间。科克托带去了自己的一些作品，普鲁斯特说，你真的可以成为一个伟大的作家，但你必须审慎地对待社会。稍微出去抛抛头，露露面，但不要让它成为你生活的重心。说出这些话的普鲁斯特年轻的时候在巴黎有着广泛的社交，出入于咖啡馆和奢侈场合。但他知道，到了一定的时候，你必须在工作和生活之间做出选择。这不仅仅是一个你是否要接受采访或谈论自己的问题，而是一个你要在多大程度上参与社会——世俗意义上的社会——的问题，也就是要不要在那些令你和其他人都流连忘返的场所虚度光阴。

但是想想龚古尔兄弟，如果他们没有在第二帝国时期的巴黎宴会中频繁出入的话，他们也就不会写出那样的作品。某种程度上，他们的作品非常精彩，但是是那种上流社会八卦的类型。

但他们也是同时运用了小说和纪实形式的社会历史学家，甚至包括巴尔扎克也是如此。然而，到了 20 世纪，问题有点不同，因为机会要多得多。我并不是说一个人必须要在铺着软木的房间里写作，而是我认为，一个人必须要高度自律，而作家的使命在某种深层意义上是要反社会的。对画家而言也是如此。有人曾经问毕加索为什么从不旅行——毕加索从不旅行或出国，他从西班牙去了巴黎，然后又搬到了法国南部，但他从没去过其他地方。毕加索回答说：我在头脑中旅行。我的确认为存在着各种选择，你或许在年轻的时候不觉得这有什么——或许你也不该这么觉得——但之后，如果你想要有所超越，不仅仅是停留于还不错或有前途，而是达成真正的成就，冒险完成巨作，那这对于一个作家或画家来说，只有经年累月的工作才有可能真正做到。你就只能大门不出，二门不迈了。

在 1970 年代中期，你和其他许多作家应邀画一幅自画像，后来被收入一本名为《自画像：作家眼中的自己》（*Self-Portrait: Book People Picture Themselves*）的书中。在你的自画像中，你只是画了一颗六芒星。在六芒星的上面，你写了中国儒家的一句话，"以天下为己任"。在某种意义上，人们可以半开玩笑地说你实际上遵循了禁止人像的宗教律令。

是的，他们让我画我自己。我半分钟就画好了——当然了，这种画法最好了，因为我要是左思右想的话，那我就什么都画不出来了。这很有趣，我正准备跟艺术家玛丽·弗兰克[1]学习绘画。并不是说我现在想成为一名艺术家，我只是想学习 19 世纪的绘画方法，我想用约翰·拉斯金[2]画威尼斯建筑那样的手法来画画。我希望能够学会画画，把画画作为一种记录和描述的方式。

你注意到我画的并非一幅具象的自画像，的确如此。但这也是因为我并不想呈现我自己。我出版了一本名为《我，及其他》的故事集。这本书已经囊括了我所有的复杂和两难。事实上，其中有几则故事是自传性的，但这本书是"我，及其他"。这就已然意味着，这里的我是引号的"我"。我不认为我在表达我自己。我作品的重点并非表达我。我可以将自己出借给一个作品。

这让我想起了戈达尔在他的《随心所欲》中所引用的蒙田的一句话："将自己出借给他人，但

---

[1] 玛丽·弗兰克（Mary Frank，1933—   ），英国视觉艺术家、雕塑家、画家。

[2] 约翰·拉斯金（John Ruskin，1819—1900），英国维多利亚时代的作家、艺术家、艺术评论家、哲学家，被视作维多利亚时代艺术趣味的代言人。

将自己交付给自己。"

是的，我可以出借我自己。但如果实际发生的事情刚好与我笔下的人物似乎非常契合，那我可能宁可直接拿过来用，而不是编造出另外一个事情。所以，我有时会借用我自己生活当中的东西，因为它们似乎能派上用场，但我不认为我是在表现我自己。让我们假设玛丽·弗兰克颇有耐心，我也颇为自律，能真正地去学画画：我无法想象我会画我自己——我会把自己，以及其他的东西，都用作作画的素材。但我感兴趣的是这个世界。我所有的作品都基于这样一个观念，即世界是真实存在的，而且我真的感觉我身处其中。

所以，你在世界之中，世界在你心中。

是的，我感觉就好像我在关注这个世界。我非常清楚什么不是我，并为之着迷，我有兴趣也被吸引着去理解它。

那你心中的那个世界呢?

毋庸置疑,它是真实存在的。但我不觉得这个隐喻是有益的。我想摆脱唯我论,即来自现代感受力的巨大诱惑,认为一切都在自己的脑中。

你的小说《死亡匣子》不就是在讨论这个问题吗?

是的,《死亡匣子》就像是迷失在一个人的大脑之中。

你不是在那本书中写道,活在自己的大脑之中就是死亡吗?

没错。《死亡匣子》和《疾病的隐喻》讨论的是同一个问题。后者基于我因患病而产生的反思,我不得不去反思以努力挽救我的生命。但是,这种反思源于一个从一开始就已经在思考这些问题的人。我逐渐认为,这些关于疾病的心理学理论不仅仅是一种罪过，还是某种形式的唯我论，因为如果你未能得到正确的医疗帮助，你就真的会死。

在想象力的层面吸引我的，与在人性的层面吸引我的东西或许截然不同——尽管我并不想如此区分，因为这听来十分愚蠢。我为我的写作负责，因为我知道这些东西出自我手，我是这些东西的创作者。但我并不认为我的生活与写作是以同样的方式或围绕着同样的事情组织起来的。我并不是在写自传，我追随的是我的幻想，而我的幻想是关于世界的幻想，而非关于我所做的那些事情。这些幻想的迷人之处在于，它们真实存在，但我并不像很多人那样有想要去体验它们的个人意愿。我并不是说这是好事儿，这只是另外一种存在的方式。正如我说过的，我所写的并不一定就是吸引我的东西。有很多我写的东西我非但没有亲身体验过，甚至不愿意去亲身体验。

是不是可以说你觉得自己似乎在某种程度上超越了这些东西？

我不知道这是否是超越。超越是一种正面的说法。我的意思是，如果用一种负面的说法来说的话，我或许会说解离。所以，我不想用这种说法来描述它。让我的想象力自由驰骋，这就像是坐上一辆可以带我去往任何地方的车——它恰恰带我远离了我所做、所想、所感，远离了我的生活和人际关系。这正是我喜欢幻想的原因，也是我为什么不写自传的原因。我想写我的想象或是世界之外所发生的事情，而不是我自己。

但是，或许就像思考和感受一样，这些不属于你的东西正是你的一部分。

当然了。并不是说我不表达自己，而是说这并非我喜欢的模式。正如大家所说，这是一个自觉的阶段。今天，没有哪个严肃的作家是幼稚的。在过去或许有真正严肃的作家，同时，就他们与形式问题以及与自己所做的事情之间的关系而言，他们也是无知的。他们被某种共识推着走，而如果他们足够幸运，生活在一个能够给予他们优秀素材的高度文明的时代……嗯，就比如巴洛克音乐。几乎所有的巴洛克音乐都是好的——当然，其中一些曲目会比另一些逊色——因为当时音乐的形式和语言都达到了非常高的成就，而我们所处的时代已然今非昔比了。我知道的大多数作家，包括我自己，现在都有一种感觉，那就是每本书都必须独树一帜。

在我看来，《我，及其他》所收录的故事都很独特。

《我，及其他》收录了八则故事。对我来说，这八则故事是八种不同的写作方式。我认为，今天的一切都是飞跃、冒险、危机，这也意味着刺激和强度——要努力拓展和超越自我。为了拥有做到这一点的专注力，一个人的确必须工作，并非在无知中工作，而是置身于一种高度的内在性状态中。如果你过多地出借自己，以满足别人对你所做和所是的期待，或是过度关注别人认为你在做什么和别人是怎样说你的，这种状态就会松懈或消散。

很多人对美国小说和诗歌的看法非常短视和陈腐，往往会忘记诸如米娜·洛伊[1]、林克·吉莱斯皮（Link Gillespie）、哈里·克罗斯比[2]，特别是劳拉·赖丁[3]和保罗·古德曼的杰出著作。我刚读完古德曼的一本非常棒的小说，叫《帝国之城》(*The Empire City*)，还有他在1930年代初期，仅二十一岁时就写出的杰作，"约翰逊"系列故事。

极其正确。是，你提到的其中两个人是我的偶像：劳拉·赖丁的《故事的发展》(*Progress of Stories*)为写作树立了真正标杆。几乎没有人知道这本书，到现在也没有人写出这样好的著作——人们不仅没有延续这本书，甚至还没有达到这本书的水平。而且，和你一样，我也认为保罗·古德曼的"约翰逊"系列故事是20世纪美国文学的经典著作

---

[1] 米娜·洛伊（Mina Roy, 1882—1966），英国诗人、艺术家，未来主义者，达达主义者。她被视为现代主义诗歌写作的先驱。

[2] 哈里·克罗斯比（Harry Crosby, 1898—1929），美国诗人、出版人。他创立了黑太阳出版社，该社后来出版了 D. H. 劳伦斯、詹姆斯·乔伊斯等人的作品。

[3] 劳拉·赖丁（Laura Riding, 1901—1991），美国诗人、评论家、小说家、散文家。

之一。[1] 我认为他本可以成为我们这个时代最伟大的小说家，然而他也有着非常强烈的知识分子热情，投身政治，越来越多地进行评论文章的写作，小说写得愈来愈少。但是，他二十岁出头时所写的那些故事是文学所取得的最伟大成就之一。

我凌晨4点睡不着觉的时候会做的一件事不是数羊，而是在脑海里编选文集。我的一个想法就是做一本短篇小说集，收录劳拉·赖丁、保罗·古德曼这样的作家的作品。但我非常确信，这类文集总有一天会出版，并最终找到它们的读者。[2]

但是，我必须要说的是，根据我现在与人交谈所听到的情况，当今似乎存在一种对过去所谓的现代主义或先锋派的全盘否定。每个人都急于划清界

---

[1] 八个原创的"约翰逊"故事，探讨了三个纽约年轻人——两男一女——之间的关系纠葛，收录于古德曼的《我们阵营的分裂：故事集，1932—1935》（*The Break-up of Our Camp: Stories, 1932–1935*）一书中。

[2] 在1978年8月20日的日记中（收录于《心为身役：日记与笔记，1964—1980》），桑塔格提出了"一个理想的故事选集"的构思，其中包括了罗伯特·瓦尔泽的《图恩的克莱斯特》（"Kleist in Thun"）、伊塔洛·卡尔维诺的《月亮的距离》（"The Distance of the Moon"）、劳拉·赖丁的《最后一堂地理课》（"A Last Lesson in Geography"）和保罗·古德曼的《时光如暴风雪般飞逝》（"The Minutes Are Flying by Like a Snowstorm"）。

限，说它不好，它毫无价值，它落后于时代，并且被证明是浅薄的，甚至连罗兰·巴特也这么跟我说。我认识的人十年前还在讨论罗伯－格里耶和戈达尔，如今则说起了托尔斯泰和科莱特[1]。我特别反对这一普遍趋势。不是通过"现代主义"和"先锋派"这样的词——这些词已经过时了，该被扔进故纸堆了；而是在思考如何写作小说时，我会去读劳拉·赖丁或保罗·古德曼的早期作品。而且，令我感到惊讶的是，寻找新形式的尝试——这是现代作品所极力追求的——竟然不再是一项被捍卫的事业了。

当我在 1960 年代初期开始写作时，我一直在捍卫"现代"，特别是文学中的现代，因为当时的主流写法是非常庸俗的。大约经过了十年的时间，我所拥护的观念成为越来越喜闻乐见的。但在过去的五年间，人们似乎非但没有回到以前的立场，情况反而更糟了。以前，人们不喜欢这些东西是因为他们的无知，他们甚至都不知道这些东西的存在。如今，他们不喜欢是因为他们觉得自己对这些东西

---

[1] 西多妮－加布里埃尔·科莱特（Sidonie-Gabrielle Colette，1873—1954），法国著名女作家。主要作品有《吉吉》《流浪女伶》。

有所了解，而且还有相对于这些东西的自我优越感。所以，我们实际上必须为勋伯格、乔伊斯或摩斯·肯宁汉[1]辩护。

当下对待高度现代的艺术的态度非常刻薄，这令人感到沮丧，我甚至不想去打笔战。我真的觉得，到了 1960 年代末，我们已经赢得了战斗，但只是非常短暂的胜利。当我听到有人告诉我说，他们不喜欢陀思妥耶夫斯基，因为他的著作太"庞杂"了。我说，等等！你可以说人们这样想是因为他们已经受够了，需要休息一下脑子。但我很疑惑，我想问：凭什么允许他们休息？（笑）

在你的电影《卡尔兄弟》的高潮部分，主人公奇迹般地让一个哑巴女孩开口说话。在这部电影的剧本介绍中，你这样写道："生活中唯一有趣的事情就是奇迹的发生或奇迹的落空；而艺术唯一能激起人们强烈兴趣的主题就是奇迹。"你真的相信有奇迹吗？

----

[1] 摩斯·肯宁汉（Merce Cunningham，1919—2009），美国舞蹈家，当代最有影响力、最受争议的舞蹈领袖人物之一。

我认为非同寻常的事情的确会发生，而且能够改变一切，一个行动能够等同于意识的顿悟，而且有的事情的确可以看似毫无理由地发生。我并不是说这无法解释，因为任何事情都可以在事后得到解释，哪怕只是解释为偶然。要知道，一个坏了的表在一天当中还能显示两次正确的时间呢。

这是谁说的？

我不知道，我想我是在《疯狂》（Mad）杂志上读到的（笑）。所以，如果你所说的奇迹指的是无法解释的东西，那这几乎就相当于一个毫无意义的概念，因为正如我刚才所说的，人们总是能够找出产生奇迹的前因后果。任何事件的发生都伴随着一系列的事件，因此，你可以为它找到某种解释。但是，有些事情的发生仍然是看似不合理的，也出乎意料，就好像这些事情打开了一个缺口，从而使更强烈、更有创造性、更大胆的事情可以发生。正是这些打破了事情连续性中看似断裂的地方，让人如遇顿悟。

顺带一提的是，断裂并不总是好的，有的时候还很糟糕。举例来说，我们某种程度上可以以这种方式来分析希特勒。他所说和所做的一切在德国历史上都有先例，然而，像他这样集所有为一体，并以他的方式让一切有效施行的人物，确实前所未有。我们有充分的理由认为，如果没有希特勒，事情就不会发展到那样的地步。这并不仅仅是观念或组织的问题，而是这个人凭借恶魔般的权力凌驾于其他人之上的问题。

我在自己的生活和其他人的生活中都经历过这种情况。作为小说和艺术的主题，这令我着迷。就像我刚才说的，我会把它和顿悟这样的概念联系在一起。它也像是一个新的开始，但就和其他所有思想一样，它同样可以被降级、贬低到面目全非的地步。因此，在我的电影《卡尔兄弟》中，对我来说重要的是，要表现出卡尔未能实现一个奇迹——他没能使一个刚刚被淹死的女人复活——在真正创造了一个奇迹之前。

传统宗教的智慧是高深莫测的，往往需要一项入会仪式来证明你已经为接受它做好了准备，这是有原因的，因为宗教并不是为每个人准备的。你可以在任何语境下随便说什么——现代通信系统的本质就在于什么都可以说，所有语境都是等同的，如此一来，我们就可以把一样东西同时置于很多不同的语境之中，就比如摄影。但是，这种情况存在着极大的妥协性。当然，这也有很大的好处，因为这给予人们行动和意识前所未有的自由。但是，这意味着你无法将原初或深刻的意义完好地保留下来，因为它们不可避免地会破灭、变得不纯粹、换样或变质——这是一个一切都被回收和重新组合的世界，一切都被化约为一种共性。因此，当你向世界推出一个关于幻想、主题或形象的想法时，它的未来是无法估量的，你无法控制或限制。而这或许是一个人为什么有时更愿意保持沉默的另一个更直接的原因。你想和他人分享，但另一方面，你又不想供养这台每天要吞噬成千上万幻想、目标、结果及见解才能持续运转的机器。

在我们自巴黎开始这个访谈的四个月后，我

打电话给回到纽约的你，问我们何时才能完成这场对谈。你说："我们得尽快弄完，因为我可能会发生太多改变。"这令我感到吃惊。

为什么？这很正常啊（笑）。我觉得我一直在改变，这是很难向人们解释的，因为人们通常认为作家要么是从事自我表达的人，要么是从自身的角度出发说服或改变他人的人。我觉得这两种模式在我身上都说不通。我的意思是说，我的写作部分是为了改变我自己，所以一旦我写了什么东西，我就不必再去纠结于它了。在我写作时，写作实际上是去摆脱这些想法。这听着似乎不尊重公众，因为显而易见的是，当我摆脱了这些想法时，它们是作为我所相信的东西被传播了出去——我写下它们的时候，我的确相信这些东西——但在我写完之后，我就不信了，因为我对事物的看法转向了别处，这变得更加复杂……或者也许是更加简单。因此，这就使得讨论写作有点困难，因为人们可能喜欢去讨论这些，但一旦结束写作，我就已经身在别处了。

某种程度上，这听起来和萤火虫有相似之处。在看到光的那一瞬，你就意识到，它实际上已经飞到别处去了。

是的，这在人们看来是傲慢的，或不负责任的——有点像肇事逃逸——因为我不想再去讨论我的写作了。而另一方面，我也不想讨论我最新在写的东西，因为我还没写完。

在小说《心问》中，你写到想要"彻底改变你的感觉，就像把你的血液抽出来替换掉"的欲望。另外，在《旧怨重诉》中，主人公说："你不可能变成另外的什么人，只能在像不像你的程度上有所改变罢了。你无法为所欲为。"在《我，及其他》中，人物自始至终都试图成为另外一个人，一个"他者"。

唔，成为"他者"并非是成为一个特定的他者，而是要改变你的生活。这也并非"相反"意义上的"他者"，而只是……唔，像是一种觉醒。我讨厌只将我所知道的或我已然想象过的事情付诸行动。我希望不知道我要去往何方，同时又不回头地走下去。我不想停留在起点，但也不想看到终点。

或许你更想要在中间——就像但丁在旅途的中间那样。

是的，我总感觉自己在中间，但更多的是朝向起点，而非终点。我总感觉我在写的书是习作，如果我能完成它，那之后我就能做些真正有意义的事情了（笑）。

在你的小说《中国旅行计划》中，你提到了东、南、西、北、中这几个基本方位，并赋予它们情感上的象征，如东是愤怒，南是快乐，西是悲伤，北是恐惧，中是同情。在我看来，作为同情的中心是一个美妙且令人平心静气的概念。所以，我们或许可以讨论一下在中心（center），以及身处中间（middle）这两个概念。

当然了，因为语言的奇妙之处就在于，在描述同一个东西时，我们既有褒义词也有贬义词。这就是为什么语言是无穷无尽的财富。想想一个无人不知的老笑话：我坚定，你固执，他顽固——这三个词语象征截然不同的价值，但描述的是同一种行为。因此，你或许可以说作为一种描述，"在中间"这种说法是有些不准确的。我并不是说对但丁来说是这样，但是当我们说在中间时，我们想到的是一个和某些选择保持距离的人，因为他 / 她害怕采取立场。但是，在中心——这不是很有意思吗？因为整件事情就变了。

在我看来，在中心有一种永恒感。

是的，我们可以从时间的层面来思考这种说法。但"在中心"对立于"在边缘"，你不想处于你自己意识、经验或时间的边缘。约翰·加尔文[1]曾经这样说过："世界的两头是倾斜的，所以要把

[1] 约翰·加尔文（John Calvin，1509—1564），法国著名宗教改革家、神学家，基督教新教的重要派别加尔文宗的创始人。

自己放在世界的中间。"言下之意是，我们会掉下去。通过我们自己的生命历程，我们都知道人始终处在从世界中掉落的过程里——我们爬上了那个坡，然后开始向下滑落。这是在中间的另一种意涵。但是，我们想要站在平地上，因为生活非常复杂，而你不想用咬秃了指甲的手去紧紧抓住什么东西的边缘，然后就那么死撑着。但这就是发生在很多人身上的事情，因为他们无暇他顾。而且，就他们死撑着的地方来看，要想不完全掉落到谷底，只是一种挣扎。

据说，在与一群乐手一起表演时，巴赫更喜欢演奏中音或次中音的部分，因为他可以更专注地聆听更有特色的高音和低音线。因此，通过在中间，他能够真正地听到他周围在演奏些什么。

很有意思。我觉得这非常棒。人们不知道中立有其积极的意涵。超然的中立并非一种"我不站边"的态度，而是一种同情心。在那里，你的确会看到更多的东西，而不只是那些把人区分开来的东西或立场。

谈到中间和两端，我想问问你自己"个人"的开端是什么。在《中国旅行计划》中，你谈到了你的"荒漠童年"，这段经历使你"不可抑制地热爱"炎热和热带。

我的童年是在漂泊中度过的。事实上，我小时候生活在许多不同的地方。但我对一个曾经居住过的地方印象最深，就是亚利桑那州南部。那里就是我对童年的想象。我其余能称作童年的时光都是在洛杉矶度过的，我就读于那里的北好莱坞高中。

人们设置了所有这些地理上的对立，比如加利福尼亚和纽约之间、北加州和南加州之间、纽约和巴黎之间的对立。

但我喜欢这种对立。我喜欢同时生活在两个地方。在过去的十年间，自从我有了这样的自由，我就一直努力以这样的方式来生活。

对你来说，纽约和巴黎在某种程度上是对立的吗？

我住在巴黎，而不是西欧其他的地方——尽管罗马也未尝不可——是因为我有朋友在那里，而且法语是我唯一熟练掌握的外语。我也喜欢待在美国以外的地方。

而且，你似乎对法国生活和文化特别感兴趣。

当然了，我确实很感兴趣。就是因为法国的生活和文化，我才会最终住在那里。我心中有一个想象中的法国，是由瓦莱里、福楼拜、波德莱尔、兰波和纪德的作品构成的。但这与今天的法国一点关系都没有。对我来说，我心中的那个法国才是重要的。我知道那个法国已然成了过往，但我喜欢置身其中，徜徉于发生过所有这些事情的美丽建筑当中，聆听法语在耳边荡漾。

从图森（Tucson）到洛杉矶是巨大的变化。在洛杉矶读完高中之后，我去了伯克利，之后又去了芝加哥大学，再之后是哈佛大学的研究生院。然后，我又在加州待了一段时间，后来便来到了纽约。人们认为我是个纽约人，但我是二十六岁的时候才来的纽约……而且，我去往纽约的心情，与玛莎最终去了莫斯科的心情相去不远。我一直都想在纽约生活，我发现自己最终能实现这个愿望了。我是出于自愿成为一名纽约人的。

　　和你相反，我生来就是个纽约人。但在我即将从哥伦比亚大学毕业并申请研究生院的时候，有人给了我一本亨利·米勒的《大瑟尔》（*Big Sur and the Oranges of Hieronymus Bosch*）。这本书开启了我的加州梦。然后，就像比尔·哈利与彗星乐队改变了你一样，有一天我打开收音机，第一次听到海滩男孩乐队（Beach Boys）的《爽爽爽》（"Fun Fun Fun"）时，我眼前出现了一条通往旧金山的朝圣之路。我真的认为，正是在那一刻，我决定一了百了地忘记常青藤盟校——或任何什么盟校——只申请加州的研究生院。加州于我就如巴黎于你。

我偶尔会在哥伦比亚大学遇到你，我清楚地记得有一次我跟你提起自己希望能去加州读研，你说，你是怎么想的啊？不得不说，你听起来就像是有地域歧视的典型纽约人，瞧不起加州！

但我觉得我有权利瞧不起加州，因为我太了解加州了！我每年至少要回加州两次，并且在湾区有非常亲密的朋友。但我必须承认，我在加州的大多数朋友都是自愿移居到那里的东部人。我不认识几个土生土长的加州人。

同样，我也不认识几个土生土长的纽约人。

是的，但我无比喜欢东北地区。我觉得有太多的东西都没能传到加州去，比如欧洲、历史、知识界，以及 19 世纪文学（一个愚蠢的说法）所表现出的充满感情、关怀和能量的世界，这些都与加州无关。加州太贫瘠了。

但这正是加州的绝妙之处。那里的确有——

但或许可以说加州更像是加里·斯奈德[1]而非罗伯特·洛威尔[2]笔下的样子——尽管，说来讽刺，我参加过的最动人的诗歌朗诵之一就是罗伯特·洛威尔1965年在伯克利的读诗会。

嗯，我也的确能感受到这两个方面的拉扯。就像我们前面谈到的，"在中间"是作家所享有的特权。我想尊重并表达这些不同类型的渴望。而且，由于我完全不擅长论战，我不必像 D. H. 劳伦斯那样决定人们应该放弃什么，坚持什么。我不知道该如何放弃（笑）。但就我们所讨论的这种道德地理学而言，像我说过的，我更喜欢纽约……但同时也有，就比如，去地中海或加州的自由。你必须四处走动。我无法一年到头或十个月的时间里都住在纽约。生活完全是人为安排的。但那又怎样？你必须创造出你自己的空间——一个被静谧和书籍所环绕的空间。

---

[1] 加里·斯奈德（Gary Snyder，1930— ），美国诗人，常与"垮掉的一代"以及"旧金山文艺复兴运动"（San Francisco Renaissance）联系在一起。

[2] 罗伯特·洛威尔（Robert Lowell，1917—1977），美国诗人，"自白派"诗歌运动的开创者。

我忠于纽约这个地方。我觉得纽约是我的根，是我要回来的地方。我选择纽约作为我的重心所在，是因为大多数与我关系密切的人都在纽约——首先是我的儿子、我的编辑和我亲密的友人。我在纽约还有一个高高的书架，我大部分书都摆放在上面。但在纽约，有一样东西的缺失是毁灭性的，那就是各种自然。你接触不到任何正常生存或死亡的东西。你无法仰面朝天躺在地上，在夜里抬头望向天空，映入眼帘的都是星星，这些会让我们对自己有限的生命和在宇宙中的位置有更多的了解。我的意思是，这既可怕又美妙。但纽约就是一座建筑接着一座建筑。

所以，你没有康德所说的"头顶的星空"，只有"内在的道德律"。

（笑）是的，我太怀念星空了。不过在纽约，一年里有一半的时间都是蓝天，这在巴黎是不存在的。而且，纽约的光照很好。所以，纽约还是有值得留恋之处的。

这个讨论让我想起了一个陈词滥调，即文化是由地理决定的。

人们的地方观念极大地禁锢着我们自己，到了令人吃惊的地步。我最近在印第安纳州遇到了一个女人，她非常风趣、聪明，在那里生活了很多年，现在她的孩子们都长大了，她最终决定要搬去东部。她说："唔，我认为适合我的城市是波士顿。波士顿在东部，有很多东西，离欧洲很近，纽约对我来说就太过了。"但这完全就是她的想象。她把自己定义为一个可以从印第安纳州搬到波士顿的女人，而非从印第安纳州搬去曼哈顿的女人，因为这个步子迈得太大了。但事实上，并不大。

但我理解她的意思。

我也的确理解她的意思，但这仍然是基于她如此现实的想象。她仍然要卖掉她在印第安纳州的房子，在波士顿地区给自己找份工作，建立全新的生活。这不管是在波士顿还是在纽约，都是一样的麻烦，但她却凭借着文化的想象做了决定，认为波士顿更平淡，不那么紧张，没那么多刺激。

但这也的确是事实！

是的。但这是基于一个想象，认为波士顿是波士顿，纽约是纽约。而其他人可能会说，喔，天哪，我在印第安纳州生活了二十年，现在我想做些真正的事情。他们这是在定义自己。这不是像她所说的，好吧，或许我去波士顿待上五年，然后我可能就准备好再去纽约了。但你知道，无论是在哪一座城市，都有各种各样的人出于各种各样的理由生活在那里。

但是就你个人而言——尽管同样被加州和纽约所吸引，仍然喜欢一个胜过另一个。因此，某种程度上，这也与想象有关。

是的，但是想象对我的影响或许没有那么大，因为当我说我喜欢在纽约生活时，我也是说我喜欢生活在一个人们选择待在这里的地方。提起纽约，第一个出现在人们脑海当中的都是想象层面的东西，它是世界的头部城市和这个国家的文化之都。无论是好是坏，它就是。在这里工作的人比其他任何地方的人都要多。因此，如果你生活在纽约，就好像是，好吧，我想住在一个有更多事情发生的地方，多到我没时间事事参与其中。这并不是说我得事事参与，而是我想知道我可以去事事参与，我希望能拥有这样的选择。而且，生活在纽约的另外一个理由是，我想遇到胸怀大志和跃跃欲试的人。你遇到一个加州人，他们会说：嗨！……然后就是一片沉默（笑）。这也没什么。但我跃跃欲试。

最好的事情是在加州跃跃欲试，在纽约说"嗨！"。

正是如此。我必须要跟你说的是，在我第一次来纽约时，我确实觉得纽约人很无礼、粗鲁、刻薄——尽管现在我觉得好一点了。我习惯了西部人的友好、好客和善良，那里的人更亲切、更有礼貌，不那么粗暴。此外，我说话的方式，以及我时常笑容满面这一点，都是非常加州的。我对人没有戒心，不设防备，也不疑神疑鬼。

但在《中国旅行计划》中，你写道："在某个地方，在我内心深处的某个地方，我是超然事外的。"

但我并不完全等同于我小说中的人物。我不认为我曾经超然事外过。尽管这是我一本小说里的一个人物以第一人称说出的话，但这并不是我。我的确认为，我在生命的不同阶段一直在躲避，就像艺术家时常会做的那样，躲避到写作里，埋头于书本中，只和朋友来往。我对世界感到恐惧，因为人们会让我放弃我正在做的事情，而我甚至不想听到也不想为这些杂音而困扰。很多人，特别是女人，问过我："你怎么会没有灰心丧气呢？你肯定早就明白了你不应当有这样的野心。"我从不觉得灰心丧气，这是因为我从不摄入那样的信息，但为了屏蔽那样的信息，我的确必须以某种方式关闭我的听觉器官。所以，如果说我超然事外，那也是我本能地保护自己，超然于会使我灰心丧气的事之外。就像人们说："千万别那么做，要不你就永远嫁不出去了！"（笑）

在你的电影《食人族二重奏》中，有个场景是一个人在给另外一个人的头绑绷带。这个场景在当时的情境下似乎是要传递一个信息，即身份观念与创伤之间的联系。而在你的小说《没有向导的旅行》中，你写道："我们离起点有多远了？我们第一次感觉到伤痛是什么时候？……流血不止的伤口，对另外一个地方的强烈企盼。想把此处变成另外一个地方。"你不认为这正是贯穿我们访谈主要内容的一个缩影吗？

这也是我以这篇小说来为《我，及其他》这本书收尾的原因。

但我想把这篇小说与这本书的开篇故事联系起

来。在第一篇小说《中国旅行计划》中，你写道："要善良就必须更简单。更简单，仿佛向原初回归。"奥地利批评家卡尔·克劳斯 [1] 曾经说过："我们的目标就是回到原初。"这是你的目标吗？

我不想回到我的原初。我认为我的原初只是一个起点。我对万事的感受是，我已经走了很远很远。而正是我从原初出发所走过的距离令我感到开心。就像我跟你提到的，这是因为我所拥有的，是漂泊的童年以及破碎不堪的家庭。我在纽约有许多近亲，但我从没见过。我不知道他们是谁。而这只是因为我所在的家族是四分五裂的，或分崩离析的，或四处飘散的。我没有可以回去的地方，我也无法想象我回去会找到什么。我的整个人生都是在逃离。但是，当然了，很多人确实拥有一些东西，这是很好的事情。

我认为我创造了我自己——这是一个奏效的幻觉。我甚至认为我是自学成才，尽管我接受过非常

---

[1]　卡尔·克劳斯（Karl Kraus, 1874—1936），奥地利著名记者、批评家、剧作家及诗人，被认为是 20 世纪最著名的德语讽刺作家之一。

良好的教育——在伯克利、芝加哥、哈佛读过书。但我仍然认为，从根本上来说，我是无师自通的。我从来都不是谁的弟子或门徒，我的起步也没有靠谁，我"成就一番事业"并不是因为我是谁的情人、妻子或女儿。我也从没觊觎过这些。但是，当然了，我也不觉得接受帮助有什么不好。如果你能得到帮助的话，那也很好。但我喜欢我做到了自力更生这一事实。我觉得我必须如此，我把这看作一种挑战。这让我感到兴奋。

你知道，我一直都有一个幻想。当然了，我永远都不会付诸实施，因为我不知道要如何去实施，或许我也没有足够的活着的时间来让这个幻想变得有价值。但我的确有一个幻想，就是撕碎现有的一切写作，用一个没有人会知道是我的笔名重新开始。我很想这样做，重新开始，不必背负已有作品的包袱，这应该是非常美妙的。我想，我或许会以不同的方式去做些事情……或许也不会。或许我会拿自己开涮。或许我会以随便谁的名义发表些东西，每个人看了都会大笑着说："这毫无疑问是苏珊·桑塔格写的！"因为我无法写出丝毫没有自己痕迹的文字。但是，我只想说，我的想法是朝着越来越远的地方，朝着新的起点，而不是回到原初。

归根结底，我认为，我们必须摧毁错误的和蛊惑人心的阐释……我绝对致力于这项事业。在那些更为波澜壮阔的时刻，我认为自己参与了这项性命攸关的任务——就像赫拉克勒斯大战九头蛇一样——当然，我也非常清楚地知道，同样的错误意识和蛊惑人心的思想未来仍会出现。但只要我能贡献一臂之力，我就仍将奋斗下去，我知道其他人也将继续努力。

我在前面说过，作家的职责就是关注世界。但我认为作家的职责，一如我自己所扛负在肩的，毋庸置疑还包括与各种谬误的东西保持激烈的对抗关系……而且，再强调一次，我清楚地知道这是一项不会完结的任务，因为错误、错误的意识或错误的阐释系统是无法被终结的。但无论到了哪个世代，总应该有一些人来与这些错误交战，这也是令我感到不安的地方，因为在世界上的大多数地方，对社会仅有的批评来自国家本身。我认为自由之士始终都应该存在，不管他们有多么不切实际，都要拼了命地去摧毁幻觉、谬误和蛊惑人心的东西——让事情变得更加复杂，因为有一股无法阻挡的力量在让事情变得更为简单。但对我来说，最可怕的事情莫过于认同我已经说过和写过的那些东西——这让我感到最为不安，因为这意味着我已经停止了思考。

Acknowledgments

✦

致

谢

非常感谢苏珊·桑塔格的儿子、作家大卫·里夫，以及我的编辑、桑塔格的挚友之一史蒂夫·沃瑟曼（Steve Wasserman）。没有他们的鼓励和指导，就不会有这本书。特别感谢詹恩·温纳（Jann Wenner），是他最初委托我为《滚石》杂志做苏珊·桑塔格的采访。简短版的访谈刊载于《滚石》杂志的 1979 年 10 月 4 日刊；本书首次收录了全部的采访内容。

我也非常感谢耶鲁大学出版社的社长约翰·多纳蒂奇（John Donatich）、编辑部主任克里斯托弗·罗杰斯（Christopher Rogers），以及我的责编丹·希顿（Dan Heaton）。

阅读是我的娱乐，

我的消遣，

我的慰藉，

我轻微的自毁。

访谈与肖像

*

列侬与洋子的最后谈话
All We Are Saying: The Last Major Interview
with John Lennon and Yoko Ono
［美］大卫·谢夫

脸庞，锋芒：与 25 位先锋女性对谈
Portrait of an Artist: Conversations with
Trailblazing Creative Women
［墨西哥］乌戈·韦尔塔·马林

与瓦尔泽一起散步
Wanderungen mit Robert Walser
［瑞士］卡尔·泽利希

德里达访谈录
De quoi demain…
［法］伊丽莎白·卢迪内斯库 雅克·德里达

诗人的友谊：米沃什与布罗茨基
Czesław Miłosz and Joseph Brodsky:
Fellowship of Poets
［美］伊蕾娜·格罗斯